高等职业教育交通运输数字化系列教材

道桥工程施工放样

王立争 主 编
孟祥竹 刘 波 季成春 副主编
欧阳伟 主 审

人民交通出版社股份有限公司
China Communications Press Co.,Ltd.

内 容 提 要

本书为高等职业教育交通运输数字化系列教材之一。本书主要内容分为5章。其中，第一章为绪论，主要介绍了道路桥梁施工放样的基本知识、施工放样的基本任务，以及平面控制测量与高程控制测量的主要内容和要求。第二章为路基路面施工放样，主要介绍了路基施工放样的准备工作、放样方法，同时介绍了路面工程的施工放样方法及道桥工程中其他构造物的放样方法。第三章为桥梁施工放样，重点介绍了桥梁施工放样的准备工作及控制测量，同时介绍了桥涵施工放样具体方法。第四章为全站仪在道桥工程中的应用。第五章为 GNSS 系统在道桥工程中的应用，重点介绍了 GNSS 系统的基本原理，同时介绍了两个品牌的 GNSS 的操作和应用，分别是南方 S86 仪器的操作应用和中海达 H32 的操作应用。

本书可供高等职业院校道路桥梁工程技术专业教学使用。在测量学和道路桥梁专业课的基础上，通过全站仪、GNSS、水准仪的实操，配合本书介绍的道桥工程施工放样方法，使学生掌握道桥工程施工放样的基本原理、基本方法，提高学生在道桥施工过程中施工放样的专业技术能力。

本书配有二维码，读者可通过扫码查看相关视频、动画资源。教师可通过加入"职教路桥教学研讨群"(QQ:561416324)进行教学交流与研讨。

图书在版编目(CIP)数据

道桥工程施工放样 / 王立争主编. —北京：人民交通出版社股份有限公司，2018.8（2025.1重印）
高等职业教育交通运输数字化系列规划教材
ISBN 978-7-114-14519-3

Ⅰ. ①道… Ⅱ. ①王… Ⅲ. ①道路工程—工程施工②桥梁工程—工程施工 Ⅳ. ①U415②U445

中国版本图书馆 CIP 数据核字(2018)第 021380 号

高等职业教育交通运输数字化系列教材

书　名：	道桥工程施工放样
著 作 者：	王立争
责任编辑：	任雪莲
责任校对：	宿秀英
责任印制：	张　凯
出版发行：	人民交通出版社股份有限公司
地　　址：	(100011)北京市朝阳区安定门外外馆斜街3号
网　　址：	http://www.ccpcl.com.cn
销售电话：	(010)85285911
总 经 销：	人民交通出版社股份有限公司发行部
经　　销：	各地新华书店
印　　刷：	北京科印技术咨询服务有限公司数码印刷分部
开　　本：	787×1092　1/16
印　　张：	3.75
字　　数：	76千
版　　次：	2018年8月　第1版
印　　次：	2025年1月　第4次印刷
书　　号：	ISBN 978-7-114-14519-3
定　　价：	25.00元

(有印刷、装订质量问题的图书由本公司负责调换)

编审委员会

主　任　王　彤
副主任　欧阳伟　顾　威
委　员　(按姓氏笔画排序)
　　　　于可鑫　于国锋　于忠涛　才西月
　　　　王力艳　王　东　王立争　王光远
　　　　车　媛　毛海涛　田　兴　朱芳芳
　　　　朱红斌　刘　波　杨晓林　李云峰
　　　　李冬松　李立军　李冲光　李俊丹
　　　　肖福星　迟长玉　张家宇　季成春
　　　　周　烨　孟祥竹　孟祥辉　赵同峰
　　　　赵旭东　赵国峰　哈　娜　徐义洪
　　　　徐　达　徐　刚　曹英浩　霍君华

联合建设单位：
　　　　辽宁省交通高等专科学校
　　　　中交路桥北方工程有限公司
　　　　中国铁路沈阳局集团有限公司
　　　　中铁四院集团岩土工程有限责任公司
　　　　辽宁五洲公路工程有限责任公司
　　　　辽宁省交通建设管理有限责任公司
　　　　辽宁省铁岭县交通局
　　　　沈阳市市政工程设计研究院
　　　　沈阳市苏家屯区公共资源交易管理办公室
　　　　沈阳市政集团有限公司
　　　　沈阳砼行建筑材料科技有限公司
　　　　沈阳振达公路工程有限公司

序

《国务院关于加快发展现代职业教育的决定》(国发〔2014〕19号)明确指出:"高等职业教育承担着优化高等教育结构和人力资源结构的重要使命"。2016年,辽宁省交通高等专科学校承担了教育部《高等职业教育创新发展行动计划(2015—2018年)》骨干专业建设任务,几年来,我校高等职业教育交通运输类专业始终坚持走内涵发展道路,密切产学研合作,形式以"设计勘察、预算招标、施工管理、现场检测、竣工验收"五个能力培养为核心,对交通产业转型升级,形成了"产教融合、同步升级、层级递进"的高职人才培养模式。对接职业岗位需求,构建"技能型岗位、技术型岗位、复合型岗位"三级递进的专业培养目标;对接岗位工作内容开发"基本素质课程、通用职业课程和岗位职业课程"三级递进课程体系;对接职业岗位技能设计"基本技能训练、专项技能训练和综合技能训练"三级递进实践教学体系;对接职业成长规律设计"基本素质教育、职业素质养成、社会能力培养"三级递进的素质教育过程。适应现代交通产业发展,培养复合式、创新型、发展型技术技能型人才的需要。

本套数字化教材是交通运输高等职业教育骨干专业的重要成果之一,是全体专业教师、一线工程技术人员共同的智慧和劳动成果。该教材实现了纸质教材与数字化资源的完美结合,具有以下特色:

(1)教材从岗位核心能力入手,突出专业化与岗位技术相适应,明确了人才的培养方向,更加适应高职技术教育改革的教学理念。

(2)教材注重学习者的认知逻辑和学习效能,从知识、技能的逻辑性入手,用浅显生动的语言描述配以丰富的资源展示,使学习者学习轻松、运用自如。

(3)教材与数字化资源配套使用,对教与学双向辅助,有效地保证学习者对资源的有效检索和运用,形成了以学习者为中心的教育形式。

（4）教材紧跟生产技术一线，符合行业标准和技术规范，融合新技术、新工艺，再现真实环境下的岗位核心技能，具有较强的实践指导性。

辽宁省交通高等专科学校校长

2018 年 4 月

前　　言

　　道路与桥梁施工放样,是高职院校道路桥梁工程技术专业的一门专业课程,施工放样也是道路桥梁工程技术专业学生的一项专业技能。本课程以职业技能培养为核心,以道桥工程实际应用为主线,以最新技术标准、规范为依据,紧紧围绕施工实际编写,注重理论与实际相结合,充分利用新软件,强化实用性,体现了高职教育的特点。通过理实一体化的课程安排,设计学生学习的工作任务,突出实践性,激发学生学习主动性,培养学生的应用能力和创新能力。

　　为适应高职课程改革的总体思路,本教材在编写过程中征询了现场一线施工人员的意见,充分利用现有的各种资源,紧扣道桥工程企业对施工放样人员的技术要求,理论结合实际,进行组织编写。本书可供高职道桥专业学生学习使用,在学习测量学和道路桥梁专业课的基础上,通过全站仪、GNSS、水准仪的实操,配合本书介绍的道桥工程施工放样方法,掌握道桥工程施工放样的基本原理、基本方法,提高学生在道桥施工过程中施工放样的专业技术能力。

　　本教材共五章,主要包含如下内容:第一章为绪论部分,主要介绍道路桥梁施工放样的基本知识,施工放样的基本任务,同时涉及平面控制测量与高程控制测量主要内容和要求。第二章为路基路面施工放样,主要介绍了路基施工放样的准备工作、放样方法,也介绍了路面工程的施工放样方法及道桥工程中其他构造物的放样方法。第三章为桥梁施工放样,重点介绍桥梁施工放样的准备工作及控制测量,也介绍了桥涵施工放样的具体方法。第四章为全站仪的基本操作过程和实际应用。第五章为GNSS系统在道桥工程中的应用,重点介绍了GNSS系统的基本原理,同时介绍了两个品牌的GNSS的操作和应用,分别是南S86GNSS仪器的操作应用和中海达GNSS操作应用。

　　本教材的主要特点如下:

　　(1)教材以施工需求为指引,强调实践应用,明确学习内容,真实做到"学中做、做中学"。

　　(2)教材紧跟目前企业应用,充分体现新知识、新技术、新方法,突出操作技能和解决问题的能力培养,具有时代特色。

(3)理论与实际相结合,强调学生的过程考核,重视实际操作、软件的使用,理论考核与实操考核相结合,培养学生的实践能力。

(4)本教材为数字化教材,书中配有二维码,读者可通过手机扫描二维码观看相关内容的视频资源等。

本教材编写工程中,参考和引用了大量有关文献资料,在此对原作者表示深深敬意和感谢。由于编者水平有限,教材内容难以避免存在缺陷和错误,敬请读者批评指正。

编 者
2018 年 4 月

目　　录

第一章　绪论 ·· 1
　第一节　概述 ·· 1
　第二节　平面控制测量 ·· 2
　第三节　高程控制测量 ·· 4
第二章　路基路面施工放样 ·· 7
　第一节　路基施工准备 ·· 7
　第二节　路基放样 ·· 13
　第三节　路面施工放样 ·· 17
　第四节　构造物施工放样 ·· 19
第三章　桥梁施工放样 ·· 20
　第一节　施工准备 ·· 20
　第二节　桥梁施工测量 ·· 24
　第三节　桥涵施工放样 ·· 25
第四章　全站仪在道桥工程中的应用 ··· 30
　第一节　全站仪的应用 ·· 30
　第二节　全站仪测量操作 ·· 31
第五章　GNSS系统在道桥工程中的应用 ··· 34
　第一节　GNSS系统简介 ·· 34
　第二节　南方S86应用 ··· 36
　第三节　中海达H32简要操作步骤 ··· 42
参考文献 ·· 49

第一章 绪 论

第一节 概 述

道桥工程的发展趋势是:人员精简,工程规模越来越大。在精度满足要求的条件下,提高施工测量效率变得尤为重要;同时,随着测量仪器不断发展和更新,相关企业应充分利用新方法和新仪器,提高施工放样水平。道桥测量放样工作应遵循从整体到局部的原则,先进行控制测量,再进行细部放样测量。

一、道桥工程施工放样简述

1.道桥工程施工放样的主要依据
(1)《公路工程技术标准》(JTG B01—2014);
(2)《公路路基施工技术规范》(JTG F10—2006);
(3)《公路路面基层施工技术细则》(JTG/T F20—2015);
(4)《公路沥青路面施工技术规范》(JTG F40—2004);
(5)《公路桥涵施工技术规范》(JTG/T F50—2011);
(6)《工程测量规范》(GB 50026—2007)及工程设计图纸。

2.道桥工程施工放样主要内容

使用水准仪、全站仪及 GNSS 仪器等,以平面控制点的坐标和高程控制点的高程为依据,进行三维坐标放样,确定道桥工程中各种构造物特征点在实地上的空间位置。在道桥工程施工中,测量放样属于施工准备工作,即依据工程设计图纸确定控制点和工程构造物的空间几何关系,测量放样成果精度应符合现行的施工技术规范、规程,以及测量规范的要求。

二、道桥工程施工放样的基本任务

道桥工程施工放样的主要任务是利用测量技术将设计图纸上的工程构造物的平面位置和高程在实地标定出来,作为施工的依据。在施工过程中,检测工程构造物的几何尺寸,以实现从设计图纸到工程实物的质和量的转变。道桥工程构造物主要指路基、路面、桥涵、隧道及其附属构造物和排水构造物。本书重点介绍路基路面工程、桥涵工程的施工放样方法。

路基工程施工放样包括:测量放样确定路线中线桩、公路用地界桩、路堑坡顶、路堤坡脚、边沟等构造物的施工位置;桥涵工程施工放样包括:测量放样确定基坑开挖、墩台建造的施工位置。

在施工过程中,通过测量放样对工程构造物外形几何尺寸进行控制和检测,及时修正偏差,以准确体现设计意图;在工程竣工后,通过测量对工程进行质量检查和验收。实践证明,精确的测量放样能准确控制施工质量和节约工程成本。因此,施工放样是工程施工过程中的重要一环,它贯穿工程施工全过程。

第二节 平面控制测量

一、平面控制测量的一般规定

平面控制网的建立,通常可采用卫星定位测量、导线测量、三角形网测量等方法。

平面控制网精度等级的划分:卫星定位测量控制网可依次分为二、三、四等和一、二级;导线及导线网可依次分为三、四等和一、二、三级;三角形网可依次分为二、三、四等和一、二级。

平面控制网的布设应遵循下列原则:

(1)首级控制网的布设,应因地制宜,且适当考虑发展;当与国家坐标系统联测时,应同时考虑联测方案。

(2)首级控制网的等级,应根据工程规模、控制网的用途和精度要求合理确定。

(3)加密控制网,可越级布设或同等级扩展。

平面控制网的坐标系统,应在满足测区内投影长度变形不大于 2.5cm/km 的条件下,作下列选择:

(1)采用统一的高斯投影 3°带平面直角坐标系统。

(2)采用高斯投影 3°带,投影面为测区抵偿高程面或测区平均高程面的平面直角坐标系统;或任意带,投影面为 1985 国家高程基准面的平面直角坐标系统。

(3)小测区或有特殊精度要求的控制网,可采用独立坐标系统。

(4)在已有平面控制网的地区,可沿用原有的坐标系统。

(5)厂区内可采用建筑坐标系统。

二、卫星定位测量

(1)各等级卫星定位测量控制网的主要技术指标,应符合表 1-1 的规定。

卫星定位测量控制网的主要技术要求   表 1-1

等级	平均边长 (km)	固定误差 A (mm)	比例误差系数 B (mm/km)	约束点间的边长 相对中误差	约束平差后最弱边 相对中误差
二等	9	≤10	≤2	≤1/250 000	≤1/120 000
三等	4.5	≤10	≤5	≤1/150 000	≤1/70 000
四等	2	≤10	≤10	≤1/100 000	≤1/40 000
一级	1	≤10	≤20	≤1/40 000	≤1/20 000
二级	0.5	≤10	≤40	≤1/20 000	≤1/10 000

(2)各等级控制网的基线精度,按式(1-1)计算。

$$\sigma = \sqrt{A^2 + (B \cdot d)^2} \tag{1-1}$$

式中:σ——基线长度中误差(mm);
  A——固定误差(mm);
  B——比例误差系数(mm/km);
  d——平均边长(km)。

(3)卫星定位测量控制网观测精度的评定,应满足下列要求:
①控制网的测量中误差,按式(1-2)计算。

$$M = \sqrt{\frac{1}{3N}\left[\frac{W^2}{n}\right]} \tag{1-2}$$

式中:M——控制网的测量中误差(mm);
  N——控制网中异步环的个数;
  n——异步环的边数;
  W——异步环环线全长闭合差(mm)。

②控制网的测量中误差,应满足相应等级控制网的基线精度要求,并符合式(1-3)的规定。

$$M \leqslant \sigma \tag{1-3}$$

三、导线测量

导线测量的主要技术要求如下:
(1)各等级导线测量的主要技术要求,应符合表1-2的规定。

导线测量的主要技术要求　　　　表1-2

等　级	导线长度(km)	平均边长(km)	测角中误差(″)	测距中误差(mm)	测距相对中误差	测回数 1″级仪器	测回数 2″级仪器	测回数 6″级仪器	方位角闭合差(″)	导线全长相对闭合差
三等	14	3	1.8	20	1/150 000	6	10	—	$3.6\sqrt{n}$	≤1/55 000
四等	9	1.5	2.5	18	1/80 000	4	6	—	$5\sqrt{n}$	≤1/35 000
一级	4	0.5	5	15	1/30 000	—	2	4	$10\sqrt{n}$	≤1/15 000
二级	2.4	0.25	8	15	1/14 000	—	1	3	$16\sqrt{n}$	≤1/10 000
三级	1.2	0.1	12	15	1/7 000	—	1	2	$24\sqrt{n}$	≤1/5 000

注:1. 表中 n 为测站数。
  2. 当测区测图的最大比例尺为1:1 000,一、二、三级导线的导线长度和平均边长可适当放长,但最大长度不应大于表中规定相应长度的2倍。

(2)当导线平均边长较短时,应控制导线边数不超过表1-2相应等级导线长度和平均边长算得的边数;当导线长度小于表1-2规定长度的1/3时,导线全长的绝对闭合差不应大于13cm。

(3)导线网中,结点与结点、结点与高级点之间的导线段长度不应大于表1-2中相应等级规定长度的0.7倍。

四、三角形网测量

三角形网测量的主要技术要求如下:
(1)各等级三角形网测量的主要技术要求,应符合表1-3的规定。

三角形网测量的主要技术要求 表1-3

等级	平均边长（km）	测角中误差（″）	测边相对中误差	最弱边长相对中误差	测回数			三角形最大闭合差
					1″级仪器	2″级仪器	3″级仪器	
三等	9	1	1/250 000	≤1/120 000	12	—	—	3.5
四等	4.5	1.8	1/150 000	≤1/70 000	6	9	—	7
一级	2	2.5	1/100 000	≤1/40 000	4	6	—	9
二级	1	5	1/4 000	≤1/10 000	—	2	4	15
三级	0.5	10	1/20 000	≤1/10 000	—	1	2	30

注:当测区测图的最大比例尺为1:1 000时,一、二级网的平均边长可适当放长,但不应大于表中规定长度的2倍。

(2)三角形网中的角度宜全部观测,边长可根据需要选择观测或全部观测;观测的角度和边长均应作为三角形网中的观测量参与平差计算。
(3)首级控制网定向时,方位角传递宜联测两个已知方向。

第三节 高程控制测量

一、一般规定

(1)高程控制测量精度等级的划分,依次为二、三、四、五等。各等级高程控制宜采用水准测量,四等及以下等级可采用电磁波测距三角高程测量,五等也可采用GPS拟合高程测量。
(2)首级高程控制网的等级,应根据工程规模、控制网的用途和精度要求合理选择。首级网应布设成环形网,加密网宜布设成附合路线或节点网。
(3)测区的高程系统,宜采用1985国家高程基准。在已有高程控制网的地区测量时,可沿用原有的高程系统;当小测区联测有困难时,也可采用假定高程系统。
(4)高程控制点间的距离:一般地区应为1~3km,工业厂区、城镇建筑区宜小于1km。一个测区及其周围至少应有3个高程控制点。

二、水准测量

(1)水准测量的主要技术要求,应符合表1-4的规定。

水准测量的主要技术要求　　表 1-4

等级	每千米高差全中误差(mm)	水准路线长度(km)	水准仪型号	水准尺	观测次数		往返较差、附合或环线闭合差	
					与已知联测	附合或环线	平地(mm)	山地(mm)
二等	2	—	DS_1	铟瓦	往返各一次	往返各一次	$4\sqrt{L}$	
三等	6	≤50	DS_1	铟瓦	往返各一次	往一次	$12\sqrt{L}$	$4\sqrt{n}$
			DS_3	双面		往返各一次		
四等	10		DS_3	双面			$20\sqrt{L}$	$6\sqrt{n}$
五等	15	—	DS_3	单面			$30\sqrt{L}$	—

注：1. 节点之间与高级点之间，其路线长度不应大于表中规定的 0.7 倍。
　　2. L 为往返测段、附合或环线的水准路线长度(km)，n 为测站数。
　　3. 数字水准仪测量的技术要求和同等级的光学水准仪相同。

(2) 水准测量所使用的仪器及水准尺，应符合下列规定：

①水准仪视准轴与水准管轴的夹角 i：DS_1 型不应超过 15″，DS_3 型不应超过 20″。

②补偿式自动安平水准仪的补偿误差 $\Delta\alpha$：对于二等水准测量，不应超过 0.2″；三等不应超过 0.5″。

③水准尺上的米间隔平均长与名义长之差：对于铟瓦水准尺，不应超过 0.15mm；对于条形码水准尺，不应超过 0.10mm；对于木质双面水准尺，不应超过 0.5mm。

三、电磁波测距三角高程测量

(1) 电磁波测距三角高程测量，宜在平面控制点的基础上布设成三角高程网或高程导线。

(2) 电磁波测距三角高程测量的主要技术要求，应符合表 1-5 的规定。

电磁波测距三角高程测量的主要技术要求　　表 1-5

等级	每千米高差全中误差(mm)	边长(km)	观测方式	对向观测高差较差(mm)	附合或环形闭合差(mm)
四等	10	≤1	对向观测	$40\sqrt{D}$	$20\sqrt{\sum D}$
五等	15	≤1	对向观测	$60\sqrt{D}$	$30\sqrt{\sum D}$

注：1. D 为测距边的长度(km)。
　　2. 起讫点的精度等级：四等应起讫于不低于三等水准的高程点上，五等应起讫于不低于四等的高程点上。
　　3. 路线长度不应超过相应等级水准路线长度的限值。

四、GPS 拟合高程测量

(1) GPS 拟合高程测量，仅适用于平原或丘陵地区的五等及以下等级高程测量。

(2) GPS 拟合高程测量宜与 GPS 平面控制测量一起进行。

(3) GPS 拟合高程测量的主要技术要求，应符合下列规定：

①GPS 网应与四等或四等以上的水准点联测。联测的 GPS 点，宜分布在测区的四周和中央。若测区为带状地形，则联测的 GPS 点应分布于测区两端及中部。

②联测点数宜大于选用计算模型中未知参数个数的 1.5 倍,点间距宜小于 10km。

③对于地形高差变化较大的地区,应适当增加联测的点数。

④对于地形趋势变化明显的大面积测区,宜采取分区拟合的方法。

⑤对于 GPS 观测的天线高度,应在观测前后各量测一次,取其平均值作为最终高度。

(4)GPS 拟合高程计算,应符合下列规定:

①充分利用当地的重力大地水准面模型或资料。

②应对联测的已知高程点进行可靠性检验,并剔除不合格点。

③对于地形平坦的小测区,可采用平面拟合模型;对于地形起伏较大的大面积测区,宜采用曲面拟合模型。

④对拟合高程模型应进行优化。

⑤GPS 点的高程计算,不宜超出拟合高程模型所覆盖的范围。

(5)对 GPS 点的拟合高程成果,应进行检验。检测点数不应少于全部高程点的 10% 且不少于 3 个;高差检验,可采用相应等级的水准测量方法或电磁波测距三角高程测量方法进行,其高差较差不应大于 $30\sqrt{D}$ mm(D 为检查路线的长度,单位为 km)。

第二章　路基路面施工放样

第一节　路基施工准备

一、一般规定

路基施工开工前,应在全面理解设计要求和设计交底的基础上,进行现场调查和核对。在进行详尽的现场调查后,应根据设计要求、合同、现场情况等,编制实施性施工组织设计,并按管理规定报批。路基施工开工前,必须建立健全质量、环保、安全管理体系和质量检测体系,并对各类施工人员进行岗位培训和技术、安全交底。对于临时工程,应满足正常施工需要,应保证路基施工影响范围内原有的道路、结构物及农田水利等设施的使用功能。

二、测量准备

(1)对于控制性桩点,应进行现场交桩,并保护好交桩成果。
(2)控制测量。
①各级公路的平面控制测量等级应符合表2-1的规定。

平面控制测量等级　　　　　　　　　　　　　　　表2-1

公路等级	平面控制网等级
高速公路、一级公路	一级小三角、一级导线、四级GPS控制网
二级公路	二级小三角、二级导线
三级及三级以下公路	三级导线

②三角测量技术要求应符合表2-2的规定。

三角测量技术要求　　　　　　表2-2

等级	平均边长（m）	测角中误差（″）	起始边边长相对中误差	最弱边边长相对中误差	三角形闭合差（″）	测回数 DJ$_2$	测回数 DJ$_6$
一级小三角	500	±5.0	1/40 000	1/20 000	±15.0	3	4
二级小三角	300	±10.0	1/20 000	1/10 000	±30.0	1	3

(3)导线测量技术要求应符合表2-3的规定。

导线测量技术要求 表2-3

等级	附合导线长度(km)	平均边长(m)	每边测距中误差(mm)	测角中误差(″)	导线全长相对闭合差	方位角闭合差(″)	测回数 DJ$_2$	测回数 DJ$_6$
一级	10	500	17	5.0	1/15 000	$\pm 10\sqrt{n}$	2	4
二级	6	300	30	8.0	1/10 000	$\pm 16\sqrt{n}$	1	3
三级	—	—	—	20.0	1/2 000	$\pm 30\sqrt{n}$	1	2

(4)各级公路的水准测量等级应符合表2-4的规定。

水准测量等级 表2-4

公 路 等 级	水准测量等级	水准路线最大长度(km)
高速公路、一级公路	四等	16
二级及二级以下公路	五等	10

(5)公路高程测量应采用水准测量。在水准测量确有困难的地段,四、五等水准测量可以采用三角高程测量。采用三角高程测量时,起讫点应为高一个等级的控制点。

(6)水准测量精度应符合表2-5的规定。

水准测量精度要求 表2-5

等级	每千米高差中数中误差(mm)		往返较差、附合或环线闭合差(mm)		检测已测测段高差之差(mm)
	偶然中误差 M_Δ	全中误差 M_W	平原微丘区	山岭重丘区	
三等	±3	±6	$\pm 12\sqrt{L}$	$\pm 3.5\sqrt{n}$ 或 $\pm 15\sqrt{L}$	$\pm 20\sqrt{L_i}$
四等	±5	±10	$\pm 20\sqrt{L}$	$\pm 6.0\sqrt{n}$ 或 $\pm 25\sqrt{L}$	$\pm 30\sqrt{L_i}$
五等	±8	±16	$\pm 30\sqrt{L}$	$\pm 45\sqrt{L}$	$\pm 40\sqrt{L_i}$

注:1.计算往返较差时,L 为水准点间的路线长度(km);
2.计算附合或环线闭合差时,L 为附合或环线的路线长度(km);
3.n 为测站数,L_i 为检测测段长度(km)。

(7)对于路基施工与隧道、桥梁施工共用的控制点,应分别满足《公路隧道施工技术规范》(JTG F60—2009)、《公路桥涵施工技术规范》(JTG/T F50—2011)的规定。

(8)路基施工期间,应根据情况对控制桩点进行复测。在季节性冻土地区,在冻融以后应进行复测。

(9)其他方面应符合《公路勘测规范》(JTG C10—2007)的规定。

三、导线复测

导线测量精度应符合规范规定。当原有导线点不能满足施工需要时,可增设满足相应精度要求的附合导线点。同一建设项目内相邻施工段的导线应闭合,并满足同等级精度要求。对可能受施工影响的导线点,施工前应对其加以固定或改移,从开工至竣工验收的时间段内应保证其精度。

对导线控制点的复测主要是检查它的坐标和高程是否正确。

第一步:检测方法如图2-1所示。

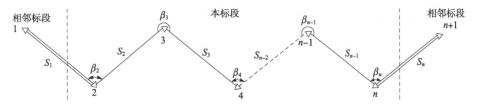

图 2-1　导线控制点复测方法

根据导线点 $1\sim n$ 的坐标反算转角(左角)$\beta_2 \sim \beta_{n-1}$ 和导线边长 $S_1 \sim S_{n-1}$。

$$\alpha_{i+1,i} = \arctan \frac{Y_i - Y_{i+1}}{X_i - X_{i+1}} \tag{2-1}$$

$$\alpha_{i+1,i+2} = \arctan \frac{Y_{i+2} - Y_{i+1}}{X_{i+2} - X_{i+1}} \tag{2-2}$$

$$\beta_{i+1} = \alpha_{i+1,i+2} - \alpha_{i+1,i} \tag{2-3}$$

$$S_i = \sqrt{(X_{i+1} - X_i)^2 - (Y_{i+1} - Y_i)^2} \tag{2-4}$$

第二步：水准点复测与加密。

(1)水准点精度应符合规范的规定。

(2)沿路线每500m宜设一个水准点。在结构物附近、高填深挖路段、工程量集中及地形复杂路段,宜增设水准点。临时水准点应符合相应等级的精度要求,并与相邻水准点闭合。

(3)当水准点有可能受到施工影响时,应进行处理。

全站仪导线测量相关资源见二维码1。

1-全站仪导线测量

四、交点的复测

交点坐标是由导线点坐标放样的。检测的方法根据放样的原始资料进行,检测 S、α 精度是否满足要求,如满足则认为该交点位置是正确的。还可以根据 S、α 重新放出该点,新放的点位与原点位的偏差不应大于 ±3cm。

交点或导线点测量相关资源见二维码2。

2-交点或导线点测量

五、中线放样

路基施工开工前,应进行全段中线放样并固定路线主要控制桩,高速公路、一级公路宜采用坐标法进行测量放样。中线放样时,应注意路线中线与结构物中心、相邻施工段的中线闭合,发现问题应及时查明原因,进行处理(相关资源见二维码3)。设计图纸和实际放样不符时,应查明原因后进行处理。用导线控制点恢复中线,中桩坐标计算如下：

1. P_i 点在直线段上

如图 2-2 所示,JD_n 的坐标为 (X_n, Y_n),$\mathrm{JD}_n \sim \mathrm{JD}_{n+1}$ 的坐标方位角为 $\alpha_{n\sim n+1}$,P 点在 JD_n 与 JD_{n+1} 的直线段上,则 P 点的坐标按下式求得：

3-全站仪道路中线坐标放样

$$X = X_n + [T_n + (L_i - L)] \cdot \cos\alpha_{n\sim n+1} \tag{2-5}$$

$$Y = Y_n + [T_n + (L_i - L)] \cdot \sin\alpha_{n\sim n+1} \tag{2-6}$$

式中：L_i、L——分别为 P 点和 YZ(或 HZ)点的里程桩号；
T_n——切线长。

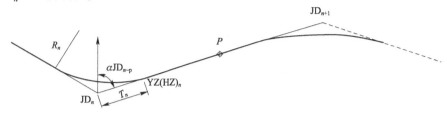

图 2-2　P 点在直线段上

2. P_i 点在平曲线段上

单圆曲线中桩坐标的计算比较简单，而带有缓和曲线的平曲线的坐标计算则比较麻烦，现举例如下：

P 点在带有缓和曲线的平曲线段上，已知 JD_{n-1}、JD_n、JD_{n+1} 的坐标分别为 (X_{n-1}, Y_{n-1})、(X_n, Y_n)、(X_{n+1}, Y_{n+1})，$JD_{n-1} \sim JD_n$、$JD_n \sim JD_{n+1}$ 的坐标方位角分别为 $\alpha_{n-1,n}$、$\alpha_{n,n+1}$，如图 2-3 所示。

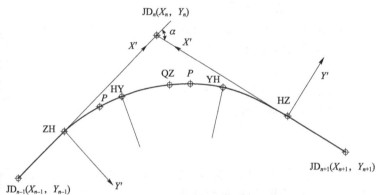

图 2-3　P 点在平曲线段上

(1) 坐标方位角的计算

$$\alpha_{n-1,n} = \arctan \frac{Y_n - Y_{n-1}}{X_n - X_{n-1}} \tag{2-7}$$

$$\alpha_{n,n+1} = \arctan \frac{Y_{n+1} - Y_n}{X_{n+1} - X_n} \tag{2-8}$$

转角：$\alpha = \alpha_{n,n+1} - \alpha_{n-1,n}$，其值为负表示左转，为正表示右转。

(2) 中桩坐标的计算

先根据交点的坐标、切线的坐标方位角与切线长，采用导线坐标的计算方法，计算主点 ZH、HZ 的坐标，然后以 ZH(或 HZ) 为坐标原点，以向 JD_n 的切线为 X' 轴，过原点的法线为 Y' 轴，建立 $X'OY'$ 局部坐标系，计算 P 点在局部坐标系中的坐标 (X', Y')，再利用坐标平移和旋转的方法将此坐标转化为路线坐标系中的坐标 (X, Y)。

①主点坐标的计算。

$$X_{ZH} = X_n + T_h\cos(\alpha_{n-1,n} + 180°) \tag{2-9}$$

$$Y_{ZH} = Y_n + T_h\sin(\alpha_{n-1,n} + 180°) \tag{2-10}$$

$$X_{HZ} = X_n + T_h\cos\alpha_{n,n+1} \tag{2-11}$$

$$Y_{HZ} = X_n + T_h\sin\alpha_{n,n+1} \tag{2-12}$$

②计算 P 点在坐标系 $X'OY'$ 中的坐标 (X',Y')。

a. 当 P 点在缓和曲线段内：

$$X' = L_i - \frac{L_i^5}{40R^2L_s^2} \tag{2-13}$$

$$Y' = \frac{L_i^3}{6RL_s} \tag{2-14}$$

式中：L_i——P 点桩号与 ZY 或 YZ 点桩号之差；

R——圆曲线半径；

L_s——缓和曲线长度。

b. 当 P 点在圆曲线段内：

$$X' = R\sin\frac{\left(L_i - \frac{L_s}{2}\right)\cdot\frac{180°}{\pi}}{R} + q \tag{2-15}$$

$$Y' = R\left[1 - \cos\frac{\left(L_i - \frac{L_s}{2}\right)\cdot\frac{180°}{\pi}}{R}\right] + p \tag{2-16}$$

式中：p——内移值；

q——切线增长值；

其余符号意义同前。

③坐标转换。

a. 前半个曲线：

$$X = X_{ZH} + X'\cos\alpha_{n-1,n} - Y'\sin\alpha_{n-1,n} \tag{2-17}$$

$$Y = Y_{ZH} + X'\sin\alpha_{n-1,n} - Y'\cos\alpha_{n-1,n} \tag{2-18}$$

b. 后半个曲线：

$$X = X_{HZ} + X'\cos(\alpha_{n,n+1} + 180°) - Y'\sin(\alpha_{n,n+1} + 180°) \tag{2-19}$$

$$Y = Y_{HZ} + X'\sin(\alpha_{n,n+1} + 180°) + Y'\cos(\alpha_{n,n+1} + 180°) \tag{2-20}$$

式中，X' 的符号始终为正，Y' 的符号有正有负。当起点为 ZH 点、曲线为左偏时，Y' 取负值；当起点为 HZ 点、曲线为右偏时，Y' 取负值；反之取正值。

3. 软件应用

目前，新型全站仪及 GNSS 仪器本身带有路线设计功能，可以直接在仪器上进行坐标计算，计算方法有交点法和线元法。同时，坐标计算的电算化发展迅速，软件种类很多，这里介绍一个手机测量软件——测量员。其简要操作步骤如下：

(1)通过手机下载安装"测量员"APP。

(2)打开软件,新建路线——某公路,采用方法为交点法,选择平曲线设计,如图2-4所示。

图2-4 新建项目

(3)点选平曲线设计,输入起点、交点、终点,如图2-5所示。

图 2-5

(4)点击批量计算,选择中桩、边桩、桩距、主点等。计算结果见算例,如图2-6所示。

d)

图 2-5 平曲线的建立

e)

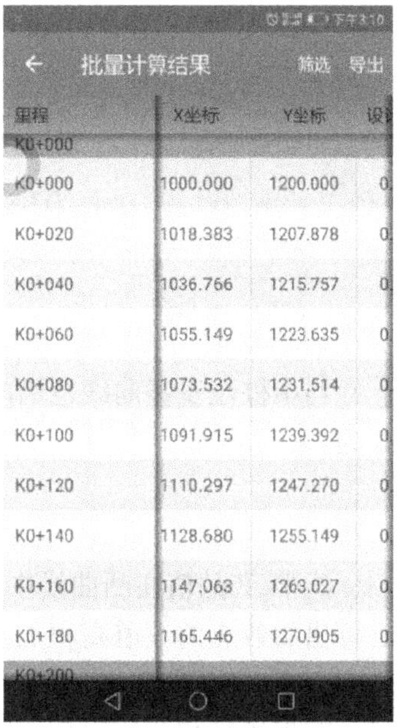

图 2-6 数据的计算

第二节 路基放样

一、基本要求

进行路基施工前,应对原地面进行复测,核对或补充横断面,发现问题时,应进行处理。应设置标识桩,对路基用地界、路堤坡脚、路堑坡顶、取土坑、护坡道、弃土堆等的具体位置标识清楚。对深挖高填路段,每挖填3~5m或者一个边坡平台(碎落台),应复测中线和横断面。

高速公路和一级公路施工中,高程控制桩间距不宜大于200m。施工过程中,应保护好所有控制桩点,并及时恢复被破坏的桩点。对每项测量成果必须进行复核,原始记录应存档。

二、纵断面的施工放样

进行纵断面施工放样时,如果待放点在直坡段,其放样较为简单。下面主要介绍竖曲线的放样。

进行竖曲线放样时,可以在路基设计表或纵断面图上直接查得中桩设计高程。但根据实际情况,放线人员需要自己计算时,可通过测量软件进行计算,也可以使用Excel表进行计算,还可根据纵断面图上的设计资料,按如图2-7所示方法进行计算。

$$T = \frac{1}{2}R(i_1 - i_2) \qquad (2\text{-}21)$$

$$L = R(i_1 - i_2) \qquad (2\text{-}22)$$

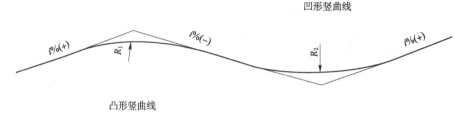

图 2-7 竖曲线

$$E = \frac{T^2}{2R} \quad (2\text{-}23)$$

当中桩位于竖曲线范围内时,应对其坡道高程进行修正。竖曲线的高程改正值计算公式为:

$$Y_i = \frac{X_i^2}{2R} \quad (2\text{-}24)$$

式中,Y_i 的值在凸曲线中为正号,在凹曲线中为负号。计算时,只需把已算出的各点的坡道高程加上(对于凹曲线)或减去(对于凸曲线)相应点的高程改正值即可。

高程放样相关资源见二维码4。

4-高程放样

三、路基横断面施工放样

进行路基施工前,应先在地面上把路基的轮廓标示出来,即把路堤坡脚点(或路堑坡顶点)找出来,钉上边桩,同时还应将边坡坡度标示出来,为路堤填筑和路堑开挖提供施工依据。路基横断面的放样主要是路基边桩和边坡的放样。路基的边桩包括路堤的填挖边界点和路堑的开挖边界点。除此之外,在进行路基土石方施工前,还应在地面上标定红线界桩和工程界桩。

路基边界点是指路堤(或路堑)边坡与自然地面的交点。

红线界桩是指为保证公路工程的正常使用和行车安全,根据公路勘测设计规范所确定的公路占用土地的分界用地界桩。公路用地在土地管理中属于公用地籍,界桩的设立将标明公路用地的边界范围,界桩之间连成的线称为红线。红线界桩确定了公路用地的范围、归属和用途,具有保护公路用地不受侵犯的法律效力。

工程界桩是根据公路设计的要求,标明路基、涵洞、挡土墙等边界点位实际位置的桩位,如路基界桩、绿化带界桩等。工程界桩有时可能在公路用地的边界上,公路工程界桩兼有红线界桩的性质。

1. 路基边桩放样

路基边桩放样即在地面上将每一个横断面的路基边坡线与地面的交点,用木桩标定出来。边桩的位置由横断面方向、两侧边桩至中桩的距离来确定。常用的边桩放样方法有传统量测法和坐标法。

(1)传统量测法

路基横断面图为路基施工的主要依据,直接在横断面图上量取中桩至边桩的距离,然后在实地用皮尺沿横断面方向将边桩丈量并标定出来。每个横断面都放出边桩后,再分别将路中线两侧的路基坡脚桩或路堑坡顶桩用石灰线连接起来,即为路基填挖边界。在填挖方工程量不大时,使用此法较多。此法一般适用于较低等级的公路路基边桩放样。

也可采用如下方法:根据路基设计参数先计算出路基中心桩至边桩的距离,然后在实地沿横断面方向按距离将边桩放出来。此方法精度高于直接量取距离的方法。

(2)坐标法

坐标法就是根据路基设计参数,先计算出路基中心桩至边桩的距离,当应用全站仪和GNSS放样时,只需把边桩到中桩的距离输入编制完成的软件,计算出边桩坐标,然后进行坐标放样即可。距离计算的方法如下:

①平坦地段的边桩放样

图 2-8 为填方路堤示意图,坡脚桩至中桩的距离 D 可通过式(2-25)计算。

$$D = \frac{B}{2} + m \cdot H \tag{2-25}$$

图 2-9 为挖方路堑示意图,坡顶桩至中桩的距离 D 可通过式(2-26)计算。

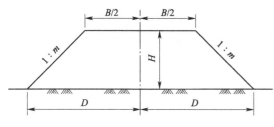

图 2-8　填方路堤示意图

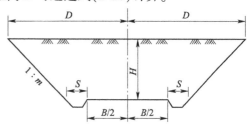

图 2-9　挖方路堑示意图

$$D = \frac{B}{2} + S + m \cdot H \tag{2-26}$$

式中:B——路基宽度;
　　　S——路堑边沟顶宽;
　　　m——边坡坡度;
　　　H——填挖高度。

以上是路基横断面位于直线段时求算 D 值的方法。若横断面位于弯道上且有加宽时,按上述方法求出 D 值后,还应在加宽一侧的 D 值中加上加宽值。

②倾斜地段的边桩放样

在倾斜地段,计算时要考虑横坡的影响。如图 2-10 所示,路堤坡脚桩至中桩的距离 $D_上$、$D_下$ 为:

$$D_上 = \frac{B}{2} + m(H - h_上) \tag{2-27}$$

$$D_下 = \frac{B}{2} + m(H + h_下) \tag{2-28}$$

如图 2-11 所示,路堑坡顶桩至中桩的距离 $D_上$、$D_下$ 为:

$$D_上 = \frac{B}{2} + S + m(H + h_上) \tag{2-29}$$

$$D_下 = \frac{B}{2} + S + m(H - h_下) \tag{2-30}$$

式中，$h_上$、$h_下$分别为上、下两侧路基坡脚(或坡顶)至中桩的高差。其中 B、S 和 m 均为已知。$D_上$、$D_下$ 随 $h_上$、$h_下$ 的变化而变化。由于边桩未定，所以 $h_上$、$h_下$ 均为未知数，因此还不能计算出路基边桩至中桩的距离。放样时，先测出地面横坡度为 $1:n$，n 为原地面横坡率。

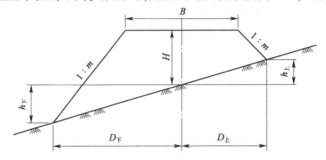

图 2-10 倾斜地段填方路基示意图

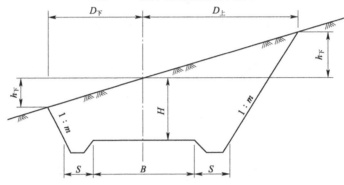

图 2-11 倾斜路段挖方路基示意图

简化整理得：

路堤坡脚桩至中桩的距离 $D_上$、$D_下$ 为：

$$D_上 = \left(\frac{B}{2} + mH\right)\frac{n}{n+m} \tag{2-31}$$

$$D_下 = \left(\frac{B}{2} + mH\right)\frac{n}{n-m} \tag{2-32}$$

路堑坡顶桩至中桩的距离 $D_上$、$D_下$ 为：

$$D_上 = \left(\frac{B}{2} + S + mH\right)\frac{n}{n+m} \tag{2-33}$$

$$D_下 = \left(\frac{B}{2} + S + mH\right)\frac{n}{n-m} \tag{2-34}$$

使用全站仪或 GNSS 测出该段地面两点的高差，最后累计得出边桩点与中桩点的高差，验证其水平距离是否正确，如有不符，则逐渐移动边桩，直至正确位置为止。该方法精度高，既可用于高等级公路，又可用于低等级公路。

例题 2-1：已知 $B=10\mathrm{m}$，$H=3.5\mathrm{m}$，路堤边坡 $m=1.5$，通过计算进行边桩放样，如图 2-12 所示。

解：先假定左侧边桩距中心桩的距离为 $D'_左 = 14.0\mathrm{m}$，用水准仪(全站仪或 GPS)测量 14.0m 处的高差 $h' = 3.20\mathrm{m}$，将 h' 代入公式 $D_左 = B/2 + m(H + h_左) = 15.05(\mathrm{m})$。

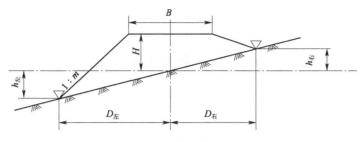

图 2-12 放样图例

如 $D_左 > D'_左$,则说明假定的边桩位置较近。
如 $D_左 < D'_左$,则说明假定的边桩位置较远。
如 $D_左 = D'_左$,则说明假定值与计算结果相符。

例题 2-1 中,再假定 $D'_左 = 14.5\text{m}$,测得 14.5m 处高差为 2.833m,同法算得 $D_左 = 14.5\text{m}$。该点即为路堤下侧的边桩点位。然后计算出坐标,进行放样。同法可放出路堤上侧边桩的点位。

实际工作中,采用逐渐接近法放边桩,在现场边测边标定,一般试探一两次即可。

2. 路基边坡的放样

在放样出边桩后,为了保证填、挖的边坡达到设计要求,还应把设计边坡在实地标定出来,以方便施工。

(1)用竹竿、绳索放样边坡。

(2)用边坡样板放样边坡。施工前,按照设计边坡坡度做好边坡样板,施工时,按照边坡样板进行放样。

第三节 路面施工放样

路面施工阶段的测量放样工作包括恢复中线、放样高程和边桩放样,即路面平面位置放样和高程放样。

一、路面平面位置放样

路面各结构层的放样方法仍然是先恢复中线,然后由中线控制边线,再放样高程,控制各结构层的高程。除面层外,各结构层横坡按直线形式放样。需要注意的是,有超高和加宽时,还要考虑路面超高和加宽的设置。

1. 路面边桩放样

路面边桩放样与路基边桩放样相同,路面边桩放样可以先放出中线,再根据中线的位置和横断面方向用钢尺丈量放出边桩。由于全站仪和 GNSS 的普及,目前多采用计算出边桩坐标进行放样。计算方法参见第二章。

2. 路拱放样

为有利于路面排水,在保证行车平稳的条件下,路面应做成中间高并向两侧倾斜的拱形,称为路拱。对于水泥混凝土路面或有中间带的沥青类路面,其路拱按直线形式放样。对于没有中间带的沥青类路面,其路拱一般有下列几种形式:二次抛物线形、改进的二次抛物线形、半立方抛物线形等。放样是从路中线开始,以坐标形式进行放样,一般把路幅宽度分为 10 等份。

对于中间没有分隔带的沥青路面,其路面路拱的放样一般采用路拱样板进行,在施工过程中逐段检查。

二、高程放样

由于高程放样精度要求较高,设计文件中给出的高程数据为路面顶面高程,放样每一个结构层的高程时,需计算每一结构的高程数据,可以通过编程计算器、Excel 编写计算程序,也可以通过相应的软件进行高程计算。

这里仍以"测量员"软件为例,接上一章节中的平面坐标计算后,进行竖曲线计算。首先输入竖曲线要素,输入里程、高程、变坡点里程和高程、终点里程和高程,然后批量计算。如图 2-13 所示。

图 2-13 竖曲线计算

第四节 构造物施工放样

路基工程除了土石方带状主体工程外,还包括小桥涵工程、路基排水工程、支挡与防护工程以及公路沿线附属工程(如取土坑、弃土堆、堆料坪、护坡道)等。因此,路基工程施工,除了土石方主体工程施工外,还包括上述工程构造物的施工。其施工质量的好坏,直接影响路基的使用性能的好坏和使用寿命的长短。而对于任何工程项目,在施工前,首先要按设计图纸的意图和要求进行施工放样,即将图纸上的内容准确地放到实地,然后进行施工。所以,公路沿线构造物的施工放样也是一项非常重要的工作。

路基排水设施包括地表排水设施和地下排水设施。常见的地表排水设施有边沟、截水沟、排水沟等;常见的地下排水设施有暗沟、渗沟、渗井等。虽然各种排水设施修建的位置不同,但其放样的内容和方法基本相同。

在设计文件中,没有明确的边沟平面设计图,只是给定了边沟的横断面设计图和起讫点的桩号以及边沟的位置。因此,边沟平面位置的放样,主要是根据施工现场情况,并考虑边沟与路线线形、地形地貌、天然河沟、桥涵位置等因素的协调性,结合路基横断面,合理地放样边沟的平面位置。边沟的高程放样是根据边沟的断面形式、尺寸和边沟的位置,并考虑路基横断面,计算边沟各控制点的高程,按高程放样的方法进行。

第三章 桥梁施工放样

第一节 施工准备

一、总体准备

(1)应熟悉设计文件和技术规范,进行施工环境调查及现场复查,编制实施性施工组织设计。实施性施工组织设计包括:编制说明,施工组织机构,施工总平面布置,施工方案,临时工程施工图,资源计划,总进度计划,质量管理,安全生产,环境保护等内容。

(2)应建立健全质量保证体系,其主要内容为:确立质量方针和质量目标,建立质量管理组织机构,制订质量检验程序及质量保证措施。

(3)应建立健全安全施工管理体系,制订技术和组织保证措施,为施工中的技术安全和生产安全提供保障。根据安全操作细则,向施工人员进行安全技术交底。

(4)应编报实施性施工技术方案,对于施工技术复杂的工程,还应作施工方案比选,以确定出经济上合理、技术上可行的施工技术方案。

(5)应做好施工的现场准备,建造施工临时设施,安装调试施工机具,建立工地试验室,标定试验机具;开展用于施工的原材料、商品构件的试验检测,并做好材料的储备工作;进行施工测量控制网的复测和优化加密。

(6)对于需要通过预先试验才能正式施工的分项工程及特殊环境下进行的施工工艺,应在开工前进行工艺试验。

(7)应制订环境保护的组织保证措施,确保施工过程中各项操作符合国家环境保护要求。

(8)应对工程施工中存在的各种潜在风险进行评估和分析,并制订必要的应急预案。

二、一般规定

(1)对控制性桩点应进行现场交桩,并进行控制点复测,保护好其成果。根据具体施工的需要应对控制点进行加密。对于大桥的控制性桩点,应编号并绘于标志总图上,注明各有关标志坐标,相互间的距离、角度、高程等,以便于寻找。对于大桥,桥址中轴线控制桩每岸不少于2个,并测定各墩台控制桩。施工过程中,应对控制网进行定期或不定期的检测。当发现控制点稳定性有问题时,应立即进行局部或全面复测。

(2)施工测量应贯穿于整个施工过程,除对桥涵各分项工程进行准确施工放样外,在施工过程中还应随时对其进行监测,并做测量记录和相应的评定,发现问题应及时处理,各分项工程规定值或限差详见相关章节。

(3)对大桥、特大桥以及结构复杂的桥梁,在施工过程中应对主要墩、台(或塔、锚)的沉降变形、倾斜度等进行监测。

(4)对桥涵结构的安装部分,应对安装的位置、相对尺寸以及高程进行复测,其误差须符合相关要求。

(5)针对悬臂拼装、节段拼装及悬臂浇筑的上部结构,对已形成的每一节段梁体及全桥的上部结构,应按设计和工艺要求进行挠度控制测量。对于上部结构合龙时的温度及结构体系转换时的温度,均须进行现场温度测量。

(6)在进行桥梁施工放样时,应首先对桥梁各墩台控制性里程桩号、基础坐标、设计高程等数据进行复核计算,核对计算结果与设计文件中所提供数据是否相符。

(7)在进行涵洞测量放样时,应注意核对设计文件与现场涵洞所处的地形、涵底坡度、斜交角度是否相符。

(8)各分项工程完成后的测量,须按《公路工程质量检验评定标准 第一册 土建工程》(JTG F80/1—2017)要求的检查项目进行。

(9)桥梁总体交工测量:
①测定桥面中线;
②桥宽(车行道、人行道);
③桥长;
④引道中心线与桥梁中心线的衔接;
⑤桥头高程衔接;
⑥桥面高程;
⑦测量桥跨的挠度变形,以及墩、台(或塔、锚)的沉降、倾斜。

(10)大桥、特大桥以及结构复杂的桥梁投入运营后,还应在缺陷责任期期间定期进行变形观测,通过其观测资料与交工资料对比进行变形分析,为工程竣工做好基础工作。

(11)为防止差错,施工测量中自行测定的控制性桩点,须由两人进行测量,相互检查核对,并做好检查核对记录。施工放样测量,应采用重复测量或闭合测量的方法进行,做到处处有检核。

三、平面控制测量

1. 一般要求

(1)平面控制网的布设应符合因地制宜、技术先进、经济合理、确保质量的原则。平面控制网应采用三角测量或全球定位系统(GPS)测量方法进行。对于大桥和特大桥以及其他构造物,当对测量精度要求较高时,应根据其桥梁结构和精度要求确定平面控制测量的精度,宜以其作为首级控制网,并据以扩展其他测量控制网。桥位平面控制网应与路线控制点直接联测,但应保持其本身的精度。主控制网宜全线贯通,统一平差。各级平面控制测量,其最弱点点位中误差不得大于±50mm,最弱相邻点相对点位中误差不得大于±30mm,最弱相邻点边长相对中误差不得大于表3-1的规定。

平面控制测量精度要求 表3-1

测量等级	最弱相邻点边长相对中误差	测量等级	最弱相邻点边长相对中误差
二等	1/100 000	四等	1/35 000
三等	1/70 000	一级	1/20 000

(2)各级公路桥梁平面控制测量的等级不得低于表3-2的规定。

平面控制测量等级选用 表3-2

多跨桥梁总长 L(m)	单跨桥梁 L_K(m)	其他构造物	测量等级
$L \geqslant 3\,000$	$L_K \geqslant 500$	—	二等
$2\,000 \leqslant L < 3\,000$	$300 \leqslant L_K < 500$	—	三等
$2\,000 \leqslant L < 3\,000$	$150 \leqslant L_K < 300$	高架桥	四等
$L < 1\,000$	$L_K < 150$		一级

(3)当采用独立坐标系、抵偿坐标系时,应要求勘测单位在测量成果交桩时提供与国家坐标系的转换关系。角度、长度和坐标的数据,其小数取位应符合表3-3的规定。

角度、长度和坐标数据小数取位要求 表3-3

测量等级	角度(″)	长度(m)	坐标(m)
二等	0.01	0.000 1	0.000 1
三、四等	0.1	0.001	0.001
一级	1	0.001	0.001

2. 平面控制点的布设

桥梁及其他构造物平面控制点可与路线平面控制点同时布设。在特大桥的两端至少分别布设一对相互通视的首级平面控制点。平面控制点相邻点间平均边长可参照表3-1执行。四等及以上平面控制网中相邻点之间的距离不得小于500m,一级平面控制网中相邻点之间的距离在平原、微丘区不得小于200m,重丘、山岭区不得小于100m,最大距离不应大于平均边长的2倍。

点位的位置应便于加密、扩展,易于保存、寻找,同时便于测角、测距及桥梁中线、桥墩(台)放样。

桥梁平面控制网宜布设成四边形,应以桥梁一端桥位控制网中的一个点为起算点,以该点到桥位另一控制点的方向为起始方向,并利用桥梁另一端桥位控制网中的一个点为检核点。平面控制网三角测量,三角网的基线应不少于2条,依据现场条件,可设于桥头的一端或两端。基线的一端应与桥梁轴线连接,并宜近于垂直。当桥梁轴线较长时,应将基线设置于桥的两端。基线长度一般不小于桥梁轴线长度的0.7倍,受限制地段不小于轴线长度的0.5倍。

各等级三角控制网应布设为近似等边的三角网,三角形内角一般不小于30°,受限制时也不应小于25°。加密网可采用插点的方法。交会插点点位应在高等点组成的三角形的中心附近。同一插点各方向距离之比不得大于1:3。对于单插点至少应有3个方向测定,四等以上插点应有5个交会方向;对于双插点,交会方向数应为上述规定的2倍(包括两待定点间的对向观测方向)。

3. GPS 网的布设要求

点位不应选在大功率发射台或高压线附近,距离高压线不应小于 100m,距离大功率发射台不宜小于 400m。点位应避开由于地面或其他目标反射所引起的多路径干扰的位置。高度角为 15°的上方,应无妨碍通视的障碍物。

当进行平面控制网检测或复测时,网内的控制性桩点互为检核。但当交桩提供的控制性桩点因被损坏无法相互检核而重新恢复平面控制网时,GPS 控制网应同附近等级高的国家平面控制网点联测,联测点数应不少于 3 个,并力求分布均匀,且能覆盖本控制网范围。当 GPS 控制网较长时,应增加联测点的数量。

一级 GPS 控制网可采用点连式布网;二、三、四等 GPS 控制网应采用网连式或边连式布网。GPS 控制网中不应出现自由基线。

四、高程控制测量

1. 一般要求

公路桥梁高程系统宜采用 1985 国家高程基准。公路桥梁高程测量采用水准测量或三角高程测量的方法进行,高程异常变化平缓的地区可采用 GPS 测量的方法进行,但应对作业成果进行充分的检核。

同一个公路工程项目应采用同一个高程系统,并应与相邻项目高程系统相衔接。桥位水准点高程测量应与路线控制高程联测。对于进行水准测量确有困难的山岭地带以及沼泽、水网地区,四等水准测量可采用光电测距三角高程测量。

用于跨越水域和深谷的大桥、特大桥的高程控制网,最弱点高程中误差不得大于 ±10mm;每公里观测高差中误差和附合(环线)水准路线长度应小于表 3-4 的规定。当附合(环线)水准路线长度超过规定时,可采用双摆站的方法进行测量,其长度不得大于表 3-4 中水准路线的 2 倍。每站高差较差应小于基辅(黑红)面高差较差的规定。一次双摆站为一单程,取其平均值计算的往返较差、附合(环线)闭合差应小于相应限差的 0.7 倍。

高程控制测量的技术要求 表 3-4

测 量 等 级	每千米高差中数中误差在(mm)		附合或环线水准路线长度 (km)
	偶然中误差	全中误差	
二等	±1	±2	100
三等	±3	±6	10
四等	±5	±10	4

桥梁和其他构造物的高程控制测量等级不得低于表 3-5 的规定。

高程控制测量等级选用 表 3-5

多跨桥梁总长 L(m)	单跨桥梁 L_K(m)	其他构造物	测量等级
$L \geq 3\,000$	$L_K \geq 500$	—	二等
$1\,000 \leq L < 3\,000$	$150 \leq L_K < 300$	—	三等
$L < 1\,000$	$L_K < 150$	高架桥	四等

2. 高程控制点布设要求

对于大桥和特大桥，施工水准网中的各水准点应构成连续水准环。大桥和特大桥每端应设置不少于2个水准点，作为水准网的控制点。

控制测量桩位放样相关资源见二维码5。

5-控制测量桩位放样

第二节　桥梁施工测量

一、桥梁墩台定位与轴线测量

位于直线段上的桥梁，其墩、台中心一般都位于桥轴线上。使用全站仪和GNSS，并在被测设点位上可以安置棱镜或者对中杆的条件下，计算出桥墩中心位置坐标，采用坐标法放出桥墩中心位置，结果精确且操作方便。在无全站仪和GNSS的条件下，可根据桥轴线控制桩及各墩、台中心的里程，即可求得其间的距离。墩位的测设，根据条件可采用直接丈量法、光电测距法或方向交会法。

1. 坐标法

根据计算求得墩台中心位置的坐标，使用全站仪或者GNSS进行放样。用全站仪进行桥梁墩台定位，简便、快速、精确，只需在墩台中心处安置反射棱镜，而且仪器与棱镜能够通视，即使其间有水流障碍亦可采用。

测设时宜将仪器置于桥轴线的一个控制桩上，瞄准另一控制桩，此时望远镜所指方向为桥轴线方向。在此方向上移动棱镜，通过放样模式，定出各墩台中心位置。这样测设可有效地控制横向误差。如在桥轴线控制桩上测设有障碍，也可将仪器置于任何一个控制点上，利用墩台中心的坐标进行测设。但为确保测设点位的准确，测后应将仪器迁至另一控制点上，再按上述程序重新测设一次，以进行校核。只有当两次测设的位置满足限差要求时才能停止。

值得注意的是，在测设前应将所使用的棱镜常数以及当地的气象、温度和气压参数输入仪器，全站仪会自动对所测距离进行修正。

用GNSS进行桥梁墩台定位，效率更高。其不受通视与否的影响，亦不受期间水流影响。用移动站根据计算好的坐标放样至相应位置即可。

2. 交会法

凡属曲线大桥和有水不能直接丈量的桥墩、台，均应布设控制三角网，用前方交会法控制墩位。对三角网的要求、测设和计算如前所述。

对于坐标值的计算，一般在直角坐标系中的应用较为普遍和简便。可以先建立以墩台中心为原点、切线及法线方向为坐标轴的局部坐标系，在局部坐标系中确立待放点局部坐标值；再利用墩台中心的路线坐标值将局部坐标值转换至路线坐标中。

二、墩台纵横轴线测量

墩台中心测设定位以后，尚需测设墩台的纵横轴线，作为墩台细部放样的依据。在直线桥上，墩台的横轴线与桥的纵轴线重合，而且各墩台一致，所以可以利用桥轴线两端控制桩来标志横轴线的方向,而不再另行测设标志桩。对于曲线桥,可以直接计算墩台中心的坐标,利用全站仪或 GNSS 直接放样墩台中心位置。

曲线桥梁墩台中心坐标计算:

T 为桥墩中心,利用设计中给出的该墩的桩号 J 可求得其坐标 X_J、Y_J 和切线方位角 α_J 的精确值。如图 3-1 中桥墩的纵轴线方位角 α_T 为:

$$\alpha_T = \alpha_J + 90° \quad (3-1)$$

求得墩台中心 T 的坐标为:

$$X_T = X_J - E\cos\alpha_T \quad (3-2)$$

$$Y_T = Y_J - E\sin\alpha_T \quad (3-3)$$

在纵轴线上离墩台中心 T 的距离为 E_1 处取一点 t,则 t 的坐标为:

$$X_t = X_T - E_1\cos\alpha_T \quad (3-4)$$

$$Y_t = Y_T - E_1\sin\alpha_T \quad (3-5)$$

T 的坐标用于测设桥墩台中心,而 t 的坐标用于确定墩台的纵轴线。

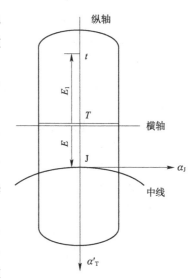

图 3-1 曲线桥墩台中心

第三节 桥涵施工放样

一、桥墩台及基础高程放样

1. 桥墩、桥台高程放样

对于砌石(或混凝土)桥墩、桥台,当施工到一定高度后,应及时放样墩、台顶面高程,以确定墩、台顶面距设计高程的差值。由于此时墩、台顶距地面已有一定高度,用常规的水准测量方法已无法施测,需用特殊方法,如图 3-2 所示。

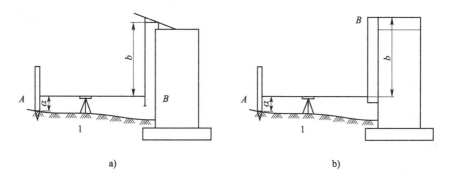

图 3-2 桥梁墩、台高程放样

桥墩或桥台侧面垂直于地面,A 为已知水准点,墩、台顶面的设计高程在设计文件中已知,这时可采用钢尺直接量取垂距或采用"倒尺"两种方法。

图 3-2a)适用于较高的墩、台高程放样。施测时,先在 1 点立水准仪,后视水准尺并读数,然后前视墩、台身,并在钢尺上读数,假设 A 点高程为 H_A,墩、台顶面待放样高程为 $H_{待}$,则可算出钢尺上垂距 b,即 $b = H_{待} - H_A - a$,由此可用钢尺直接在墩、台上量出待放样高程。

图 3-2b)适用于待放样高程位置不超过水准尺工作长度的墩、台高程放样。施测时,先在 1 点安置水准仪,后视水准尺并读数,按公式 $b = H_{待} - H_A - a$ 计算出 B 处水准尺应有的前视读数 b 值,然后将水准尺倒立,上下移动水准尺,当水准仪的前视读数恰好为 b 时,水准尺零端即为 B 处放样点高程位置。

高墩塔的传递高程放样相关资源见二维码 6。

6-高墩塔的传递高程放样

2. 桥涵基础高程放样

桥梁基础形式有明挖基础、管柱基础、沉井基础等多种形式。现以钻孔灌注桩基础为例来说明桩底高程的确定。

如图 3-3 所示,A 为已知水准点,施测时先将 A 处水准点高程引至护筒顶 B 处(B 处高程需常复测),并在 B 处作一标志。钻孔过程中可根据该标志以下的钻杆长度(每节钻杆均为定长)判定是否已经钻到设计高程。清孔结束及浇筑混凝土前,均可用测绳检测孔底高程,方法是:在测绳零端悬挂一锥形铁块,在 B 处放下测绳,当感觉测绳变轻(注意不要让测绳太靠近钻杆或钢筋笼)后,读取测绳读数(由于测绳每米一刻划,故应量取尺尾零长度并加上尺头重物长),则桩底 C 处高程 = 护筒 B 处高程 − 测绳长度 L。

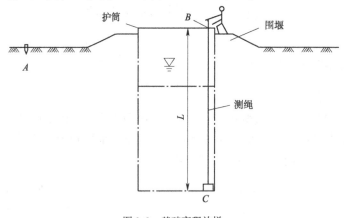

图 3-3 基础高程放样

7-低洼(深谷)传递高程放样

低洼(深谷)传递高程放样相关资源见二维码 7。

二、涵洞放样

1. 涵洞基础定位

涵洞基础定位即测设涵洞中心桩。利用路线附近的导线,根据计算的涵洞中心坐标,运用全站仪和 GNSS 点放样功能,即可确定位置。

2. 涵洞轴线测量

根据涵洞轴线与路线方向是否垂直,涵洞分为正交涵洞与斜交涵洞(图 3-4)。利用全站仪和 GNSS 进行定位比较简单,只需计算出涵洞上两点坐标就能确定涵洞的准确位置。

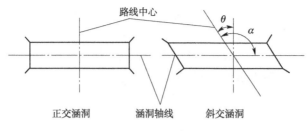

图 3-4 涵洞放样

三、桥涵细部施工放样

桥梁细部施工放样内容很多,不同结构形式放样方法也各异。下面主要叙述桥梁墩台细部的放样工作以及架梁时的测量工作。

1. 桥梁细部施工放样

(1) 明挖基础的施工放样

在地基较好、基础不深的情况下,常常采用明挖基础。在基础开挖前,应首先根据基底尺寸、开挖深度、放坡情况等计算出原地面的开挖边线,然后根据墩台中心及其纵横轴线即可放出基坑的边线。当基坑开挖到设计高程以后,应进行基底平整或基底处理,再在基底上放出墩台中心及其纵横轴线,作为安装模板、灌注混凝土基础及墩身的依据。

注意基坑底部尺寸应根据实际情况较设计尺寸每边增加 50~100cm 的富余量,以便于支撑、排水与立模板。

基础或承台模板中心偏离墩台中心不得大于 ±2cm,墩身模板中心偏离不得大于 ±1cm;墩台模板限差为 ±2cm,模板上同一高程的限差为 ±1cm。

(2) 桩基础的施工放样

在墩基础的中心及纵横轴线已经测设完成的情况下,可以纵横轴线为坐标轴,根据设计提供的桩与墩中心的相对位置,用坐标法或支距法放出各桩的中心位置,其限差为 ±2cm,如图 3-5 所示。放出的桩位经复核后方可进行施工。对于单排桩,桩数较少,也可根据已知资料,以极坐标法放样。水中桩位或沉井位置的放样,在水中平台围堰等构造中定测桩或沉井的位置,经复测后方可进行基础施工。

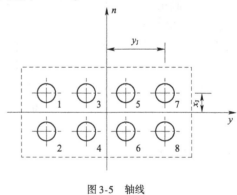

图 3-5 轴线

2. 锥坡放样

对于涵洞锥体护坡,在施工时要按设计准确放样,尤其是斜交涵洞的洞口施工。锥坡护坡及坡脚通常为椭圆形曲线。对于斜桥锥坡还应考虑斜度系数,可以采用纵横等分图解法进行放样。

采用全站仪放样锥坡极为简便、精确,是目前公路工程中最常用的方法。这种方法的实质是根据椭圆方程求解控制点坐标,然后按直角坐标法或极坐标法直接测设控制点点位,从而放样锥坡底面。具体地,这种方法类似于支距法,将长半径 a(或短半径 b)等分成 n 段,根

据各等分点的 y 值（或 x 值），按式(3-5)或式(3-6)计算各相应的 x 值（或 y 值），从而获得 n 个椭圆曲线控制点的坐标。测设时，将全站仪安置在矩形 $ACDB$ 四个顶点中的任一顶点上（图3-6），后视另一顶点，即可测设出椭圆曲线上各点，从而在地面上标定锥坡底面。

建立直角坐标系，则椭圆的解析方程是：

$$y = \frac{a}{b}\sqrt{b^2 - x^2} \tag{3-6}$$

$$x = \frac{b}{a}\sqrt{a^2 - y^2} \tag{3-7}$$

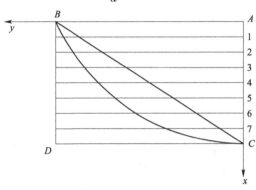

图3-6 锥坡放样

四、桥梁墩台竣工测量

桥墩台竣工以后，为了查明墩台各主要部分的平面位置和高程是否符合设计要求，需要进行竣工测量，如实地将墩台完工部分的实际位置和尺寸测绘出来，为下一阶段桥梁上部构造的定位和安装提供可靠的原始数据。竣工测量的主要内容有：测定各墩台中心的实际坐标及其间距，进行检查性的水准测量，检查垫石及墩帽各处的高程，丈量墩台各部分的尺寸。当布有桥梁三角网时，可以用三角测量的方法来测算桥墩中心的坐标。

为此可以将每一桥墩与其最近的两个三角点至少连接成两个三角形。如图3-7所示，最小的角度不得小于25°，三角形的内角采用不低于2″级的经纬仪或者全站仪观测 3～4 个测回。三角形平差后计算出中心坐标，再根据坐标求出桥墩中心间距，与设计值相比较，并按式(3-8)评定观测精度。

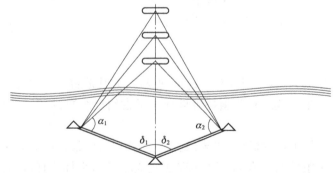

图3-7 三角测量

$$m = \pm \sqrt{\frac{[\Delta\Delta]}{n}} \tag{3-8}$$

式中:Δ——实际距离与设计距离之差;

　　n——间隔数目。

如果用前方交会法放样桥墩中心的中误差为 1.5cm,则两桥墩间距离的中误差应不超过 $1.5\sqrt{2} = 2(\text{cm})$。

检查性的水准测量,应自一岸的永久水准点经过桥墩闭合到对岸的永久水准点,其高程闭合差应不超过式(3-9)所计算的数值:

$$f_h = \pm 4\sqrt{n} \quad (\text{mm}) \tag{3-9}$$

式中:f_h——误差;

　　n——测站数目。

在进行这种水准测量时,应测定墩顶水准点、拱座或垫石顶面的高程,以及墩顶其他各点的高程。

桥墩细部测量是根据桥墩的纵横轴线进行的,主要是丈量拱座或垫石的尺寸和位置,以及墩顶的长和宽。这些尺寸对于设计数据的偏差不应超过 2cm。

最后,根据上述竣工测量的资料编绘墩台竣工图、墩台中心距离一览表、墩顶水准点高程一览表等,为桥梁上部结构的安装和架设提供可靠的原始数据。

第四章　全站仪在道桥工程中的应用

第一节　全站仪的应用

随着我国公路建设规模的日益扩大,以及测量技术和测量仪器的快速发展,测量方法也由传统测量方法(水准仪、经纬仪和钢尺相结合的测量方式)向智能自动的测量方法(全站仪和微型计算机相结合的测量方式)过渡。全站仪就是在这种背景下迅速在工程建设中得到广泛应用的。

传统施工往往采用常规经纬仪测设的方法,不仅效率低下,而且产生的误差较大。全站仪因其技术的进步与价格的不断下调,在道桥工程施工放样中的应用越来越广泛。全站仪可自动测距、测角,能进行平距、高程、坐标的计算,还可进行测量放样。无论是数字化测图,还是施工放样,全站仪都是非常简捷、高效的应用工具。

全站仪的全称是全站型电子速测仪,它由光电测距仪、电子经纬仪和数据处理系统组成,它能在一个测站 A 点测距、测角并同时完成平距、斜距、高程、坐标以及放样等方面的数据计算。不同厂家生产的全站仪的操作方法及数据处理过程不完全相同,但其基本原理和基本设置是一样的。

一、全站仪的构成

全站仪一般由目镜、物镜、显示屏等部件构成,见图 4-1。

二、全站仪的安置

(1)全站仪的测站安置基本与经纬仪的安置相同,即将三脚架安置于测站点上,使高度适合观测者,架头大致水平,其中心约在测站点的铅垂线上。

(2)从箱中取出仪器,安装在三脚架上。调整光学对中器的目镜,使分划板十字丝清晰,然后转动调焦环使测站点清晰(有的全站仪带有红外对中装置)。

(3)调整脚架,使光学对中器的十字丝交点对准测站点。

(4)伸缩三脚架架腿,使圆水准器气泡居中,然后踩实脚架。

(5)用照准部水准管严格整平仪器。检查光学对中器的十字丝交点是否仍对准测站点。如果没有偏离,则安置结束。

(6)当有少许偏离时,略松三脚架连接螺旋,用手轻微平移仪器(不能转动),使光学对中器十字丝交点对准测站点。

(7)再调节脚螺旋使照准部水准管严格居中。

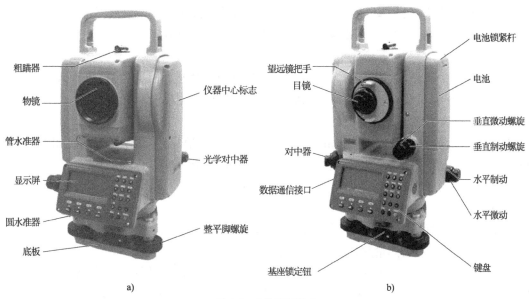

图 4-1 全站仪的构成

三、全站仪的基本设置

全站仪实测仪器基本参数的设置可参照仪器使用说明书进行。以下是放样测量时需进行的通用设置(相关资源见二维码8)。

(1)测量单位设置。

测量单位设置包括:距离单位是采用米制还是英尺,我国基本上都是采用米制;角度单位是采用60进制还是10进制;温度和气压单位的设置。

(2)地球曲率和大气折光改正设置,棱镜常数设置和棱镜高设置。

(3)仪器高设置。

(4)测量结果显示方式的设置。

(5)测量数据储存方式的设置。

(6)测站点至目标点方位角设置。

(7)测站点三维坐标设置。

8-全站仪参数设置

第二节 全站仪测量操作

各品牌全站仪的操作原理是相通的,主要差别在于仪器按键的设置。本节内容以南方全站仪及中海达全站仪为例,进行介绍。

一、全站仪碎部测量简易操作流程

1. 已知点建站测量

(1)新建项目

将仪器架设在控制点上,对中整平后,开机→项目,新建项目→输入文件名→ENT。

(2)输入建站坐标点

在主菜单中选择:数据→坐标数据,选择增加,输入点名、编码(一般不输入)、N(北坐标)、E(东坐标)、Z(高程)。依次输入建站点的坐标和后视点坐标。

(3)建站

在主菜单中选择:建站→已知点建站,从已知点中选择建站点的编号,再输入仪器高和镜高,然后选择后视点坐标,瞄准后视点后单击"设置"按钮完成设置。

(4)点测量

在主菜单中选择:采集→点测量。输入点名及镜高等信息,瞄准测量点后点击"测距",测量后点击"保存"存入该点。也可以直接点击"测存"直接测量并保存。

2.自由设站测量

(1)新建项目

在合适的位置架设仪器并整平,开机→项目,新建项目→输入文件名→ENT。

(2)用后方交汇法测量并计算当前点的坐标

在主菜单中选择:建站→后方交会测量→测量,在"点名"处选择第一个已知点,并瞄准这个已知点,点击"测角;测距",点击"完成"回到上一界面。再次点击"测量"→选点→瞄准→"测角;测距"→"完成",完成第二个点的测量。点击"计算"算出当前点的坐标。点击"保存",为当前点输入测点名称后完成当前点的测量。

(3)自由建站

接上一界面,输入仪器高、镜高,从已知点中选择上述第二个点(一定要保证测完第二个点后仪器仍然对准第二个点)的编号作为后视点。点击"设置"按钮后完成建站。

(4)点测量

在主菜单中选择:采集→点测量。输入点名及镜高等信息,瞄准测量点后点击"测距",测量后点击"保存"存入该点。也可以直接点击"测存"直接测量并保存。

全站仪数据采集相关资源见二维码9。

9-全站仪坐标测量

二、全站仪点放样简易操作流程

(1)新建项目

在合适的位置架设仪器并整平,开机→项目,新建项目→输入文件名→ENT。

(2)输入建站坐标点及后视坐标点

在主菜单中选择:数据→坐标数据,选择增加,输入点名、编码(一般不输入)、N(北坐标)、E(东坐标)、Z(高程)。依次输入建站点坐标、后视点坐标及放样点坐标。

(3)建站

在主菜单中选择:建站→已知点建站,从已知点中选择建站点的编号,再输入仪器高和镜高,然后选择后视点的坐标,瞄准后视点后单击"设置"按钮完成设置。

(4)点放样

在主菜单中选择:放样→点放样。从列表中选择需要放样的点。根据仪器提示,将角度旋转为0.0000DMS,根据仪器所指角度及HD所提示距离将棱镜放置在相应位置上,点击"测量",再根据测后屏幕提示移远或移近棱镜。直到提示正确为止。

全站仪放样相关资源见二维码10。

10-全站仪坐标放样

第五章 GNSS系统在道桥工程中的应用

第一节 GNSS系统简介

一、GNSS系统

GNSS的全称是全球导航卫星系统(Global Navigation Satellite System),它泛指所有的卫星导航系统,包括全球的、区域的和增强的,如美国的GPS、俄罗斯的GLONASS、欧洲的Galileo、中国的北斗卫星导航系统,以及相关的增强系统,如美国的WAAS(广域增强系统)、欧洲的EGNOS(欧洲静地导航重叠系统)和日本的MSAS(多功能运输卫星增强系统)等,还涵盖在建和以后将要建设的其他卫星导航系统。国际GNSS系统是个多系统、多层面、多模式的复杂组合系统。

1. GPS系统

GPS是英文Global Positioning System(全球定位系统)的简称。GPS起始于1958年美国军方的一个项目,1964年投入使用。20世纪70年代,美国陆海空三军联合研制了新一代卫星定位系统GPS,其主要目的是为陆海空三大领域提供实时、全天候和全球性的导航服务,并用于情报收集、核爆监测和应急通信等一些军事目的。经过二十余年的研究和试验,耗资300亿美元,到1994年,其全球覆盖率高达98%的24颗GPS卫星星座已布设完成。

2. 格洛纳斯(GLONASS)

GLONASS是俄文GLObalnaya NAvigatsionnaya Sputnikovaya Sistema的首文字。其实,格洛纳斯的正式组网比GPS还早,这也是美国加快GPS建设的重要原因之一。不过苏联的解体让格洛纳斯受到很大影响,正常运行卫星数量大减,甚至无法为俄罗斯本土提供全面导航服务,更不要说和GPS竞争。到了21世纪初,随着俄罗斯经济的好转,格洛纳斯也开始恢复元气,推出了格洛纳斯-M和更现代化的格洛纳斯-K卫星更新星座,并已经于2011年1月1日在全球正式运行。根据俄罗斯联邦太空署信息中心提供的数据(2012年10月10日),目前有24颗卫星正常工作、3颗维修中、3颗备用、1颗测试中。

3. 伽利略卫星导航系统(Galileo Satellite Navigation System)

目前全世界使用的导航定位系统主要是美国的GPS系统,欧洲人认为这并不安全。为了建立欧洲自己控制的民用全球卫星导航系统,欧洲人决定实施伽利略计划。伽利略系统的构建计划最早在1999年欧盟委员会的一份报告中提出,经过多方论证后,于2002年3月正式启动。系统建成的最初目标是2008年,但由于技术等问题,延长到了2011年。2010年初,欧盟委员会再次宣布,伽利略系统将推迟到2014年投入运营。截至2016年12月,伽利略卫星导航系统已经发射了18颗工作卫星,具备了早期操作能力,并计划在2019年具备完全操作能力。全部30颗卫星计划于2020年发射完毕。

伽利略卫星导航系统是由欧盟研制和建立的全球卫星导航定位系统,该计划于1999年2月由欧洲委员会公布,欧洲委员会和欧空局共同负责。该系统由30颗卫星组成,其中27颗工作星,3颗备份星(后调整为24颗工作卫星,6颗备份卫星)。卫星轨道高度约2.4万km,位于3个倾角为56°的轨道平面内。2012年10月,伽利略全球卫星导航系统第二批两颗卫星成功发射升空,太空中已有的4颗正式的伽利略系统卫星可以组成网络,初步发挥地面精确定位的功能。

4. 北斗卫星导航系统[BeiDou(COMPASS) Navigation Satellite System]

北斗卫星导航系统是中国正在实施的自主研发、独立运行的全球卫星导航系统,缩写为BDS。是继美全球定位系统(GPS)和俄GLONASS之后第三个成熟的卫星导航系统。

2012年12月27日,北斗系统空间信号接口控制文件正式版公布,北斗导航业务正式对亚太地区提供无源定位、导航、授时服务。北斗卫星导航系统和美国全球定位系统、俄罗斯格洛纳斯系统及欧盟伽利略定位系统一起,是联合国卫星导航委员会已认定的供应商。

二、工作原理

RTK(Real-Time Kinematic)是能够在野外实时得到厘米级定位精度的测量方法,它采用了载波相位动态实时差分方法,是GPS应用的重大里程碑,它的出现为工程放样、地形测图、各种控制测量带来了曙光,极大地提高了外业作业效率。

RTK的工作原理是将一台接收机置于基准站上,另一台或几台接收机置于流动站上,基准站和流动站同时接收同一时间、同一GPS卫星发射的信号,基准站所获得的观测值与已知位置信息进行比较,得到GPS差分改正值。然后将这个改正值通过数据链及时传递给共视卫星的流动站,精化其GPS观测值,从而得到经差分改正后流动站较准确的实时位置。

差分的数据类型有伪距差分、坐标差分(位置差分)和载波相位差分三类。前两类定位误差的相关性会随基准站与流动站的空间距离的增加而迅速降低。故RTK采用第三类。

数据链通信主要采用以下两种模式:

1. 电台模式

UHF(Ultra High Frequency)超高频率,频率为300MHz~300kMHz(波长属微波:波长1mm~1m,空间波,小容量微波中继通信),通常使用410~430MHz/450~470MHz,VHF(Very High Frequency)甚高频(3~30MHz,属短波:波长10~100m,空间波),通常使用220~240MHz。

特点:作业距离一般为0~28km,特别是在山区或城区传播距离会受到影响;电台信号容易受干扰,所以要远离大功率干扰源;电台的架设对环境有非常高的要求,一般选在比较空旷、周围没有遮挡,且基站架设得越高,传播距离越远;对于电瓶的电量要求较高,出外业之前须将电瓶充满或有足够的电量。

2. 网络模式

GPRS(General Packet Radio Service),即通用分组无线业务,是在现有的GSM系统上发

展起来的一种新的分组数据承载业务;CDMA 为码分多址数字无线技术。

优点:作业距离长,携带方便。

缺点:容易造成差分数据延迟,延迟一般在 2~5s,在没有手机信号的地方无法使用,需要一定的通信费用。

第二节　南方 S86 应用

本节针对南方 S86 型 GNSS 仪器进行介绍。

一、S86 主机认识及设置

1. S86 正面板(图 5-1)

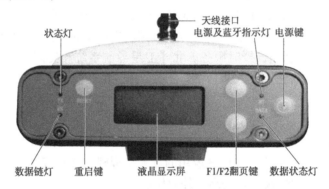

图 5-1　S86 正面板

2. S86 背面板(图 5-2)

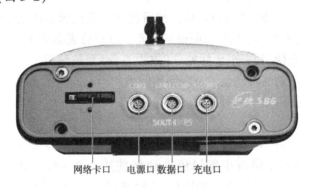

图 5-2　S86 背面板

3. S86 设置界面

打开南方 S86 仪器,按红色开机键,出现操作界面后,进行模式选择,测量模式分为静态模式、基准站模式、移动站模式,见图 5-3。

4. 静态模式设置

静态测量,是利用测量型 GPS 接收机进行定位测量的一种方式。主要用于建立各种控制网。进行 GPS 静态测量时,GPS 接收机的天线在整个观测过程中的位置是静止的,在进行数据处理时,将接收机天线的位置作为一个不随时间的改变而改变的量,通过接收到的卫星数据的变化来求得待定点的坐标。在测量中,GPS 静态测量的具体观测模式是多台接收机在不同测站上进行静止同步观测,时间由 40min 到几十小时不等。设置与数据采集过程见图 5-4、图 5-5。

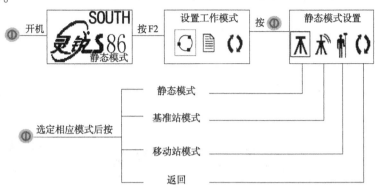

图 5-3 S86 设置界面

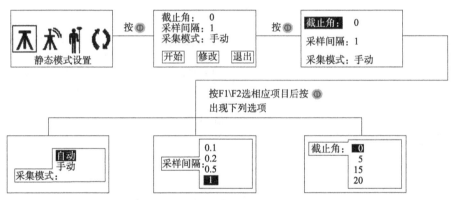

图 5-4 S86 静态模式设置

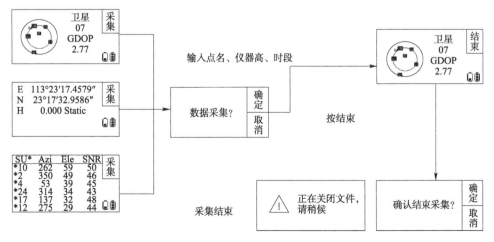

图 5-5 S86 做静态采集应用

5. 基准站设置

架设基站要求：在土质坚实、稳固可靠的地方，同时视野开阔、高度角在15°以上的范围内，应无障碍物；附近不应有强烈干扰接收卫星信号的干扰源或强烈反射卫星信号的物体，200m范围内无微波站、雷达站、手机信号站，50m范围内无高压线等。具体设置过程见图5-6。

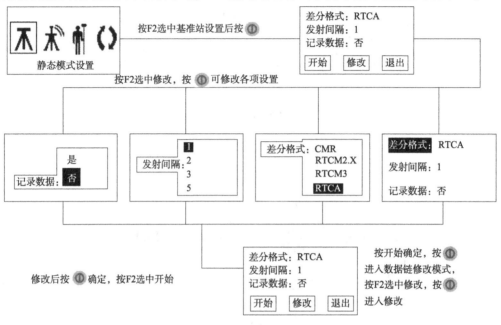

图 5-6 基准站设置

6. S86 系统配置信息

S86 系统配置过程见图 5-7。

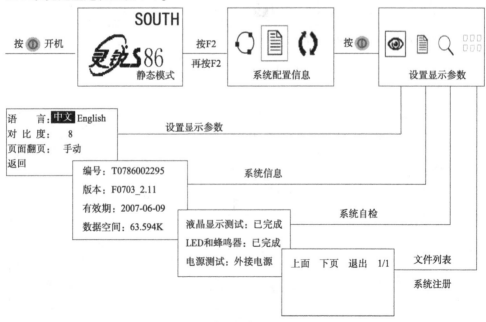

图 5-7 S86 系统配置过程

二、操作过程

1. 基站操作

基站架设后,设置基站状态,选择单点设站,进行参数设置,启动基准站,过程如图 5-8 所示。

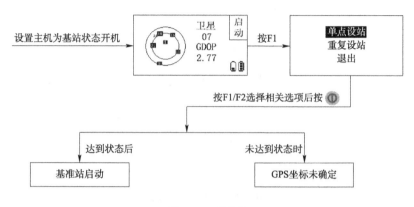

图 5-8 基站操作

2. 基站电台、网络及通道切换

按开关键,选择数据链模式,可供选择的有电台模式和网络模式。此时开关键相当于"确定"键,选择通道,一般选择默认通道即可。具体操作过程见图 5-9。

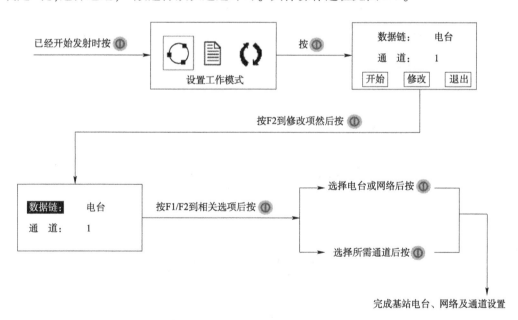

图 5-9 基站电台、网络及通道选择

3. 移动站电台、网络及通道设置

在电台模式下,移动站电台通道和基准站的通道保持一致,设置步骤如图 5-10 所示。

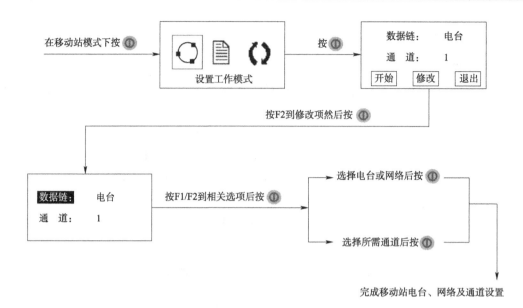

图 5-10 移动电台、网络及通道设置

三、GNSS 野外测量操作步骤

使用南方 S86 GNSS 进行野外测设时,按上面内容设置完仪器,紧接着开始进行手簿链接,手簿中使用的软件为工程之星。应用工程之星进行测量工作的相关设置,具体流程见图 5-11 ~ 图 5-14。

1. S86 基准站链接

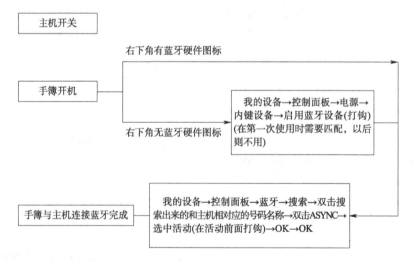

图 5-11 S86 基准站链接

2. 移动站与手簿链接

基站链接完成后,进行移动站链接,具体流程如图 5-12 所示。

注意:一定要达到固定解状态才可以进行测量工作。

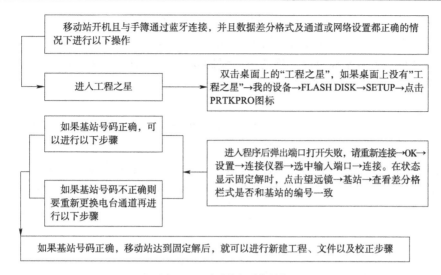

图 5-12　移动站与手簿链接

3. 手簿工程之星操作

进入工程之星软件后,开始建立工程文件,需要输入中央子午线,例如沈阳市中央子午线为 123。其他地点根据实际情况输入相应的中央子午线,过程如图 5-13 所示。

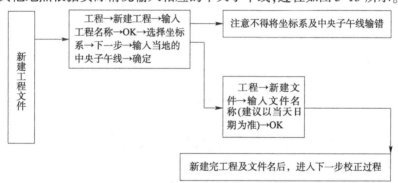

图 5-13　手簿工程之星操作

4. 转换参数的求解及应用

测量前,GNSS 需要进行参数转化,可分为两种情况:第一种为基准站架设在已知点上,第二种情况是基准站架设在未知点上。常用的情况是基准站架设在未知点上,选择两个已知坐标点,进行参数转换。具体操作流程如下:

(1) 基站架设在已知点:

基站架设在 1 号点,然后移动站到 2 号已知点上→设置→求转换参数→增加→输入 1 号点的已知坐标→OK→固定解的情况下点读取基准站坐标→输入基准站的仪器高→OK→OK→增加→输入 2 号点的已知坐标→OK→气泡居中且固定解的情况下点读取当前点坐标→输入移动站的仪器高→OK→OK→保存→输入任意参数名(最好用工程名)→确定→应用。

(2) 基站架设在未知点:

基站架设在未知点,然后移动站到 1 号已知点上→设置→点求转换参数→增加→输入 1 号点的坐标→OK→气泡居中且固定的情况下点读取当前点坐标→输入移动站的仪器高→

OK→OK→保存→输入任意参数名(最好是工程名)→确定→应用。

移动站到 2 号已知点上→设置→增加→输入 2 号点的已知坐标→OK→气泡居中且固定的情况下点读取当前点坐标→输入移动站的仪器高→OK→OK→保存→可以替换上一步保存的参数名,也可另起一个文件名→确定→应用。

5. S86 移动站应用

S86 移动站转换参数完成后,在尺度附合要求的条件下进行工程测量工作。道桥工程中常涉及的工作为数据采集和施工放样。关于数据采集,在工程之星软件中有碎步测量,使用时要注意准确输入天线高。施工放样,包括点放样和线放样两种形式,点放样为根据坐标数据找到放样点,线放样需要输入起点和终点的坐标。具体流程如图 5-14 所示。

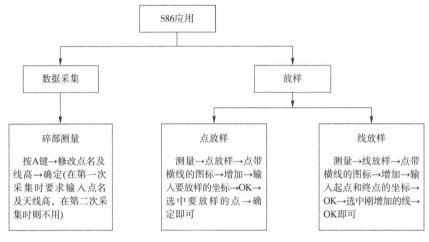

图 5-14　S86 移动站应用

第三节　中海达 H32 简要操作步骤

GNSS 产品有很多品牌,操作方法大同小异,原理是相通的。本节将对中海达公司的 H32GNSS 的具体操作进行介绍,关于基准站和移动的架设,参照上节内容,不再重复介绍。本节重点介绍中海达 H32 的手簿操作,这与南方 S86 的手簿操作不同。

一、中海达 V90 系列 GNSS(图 5-15)

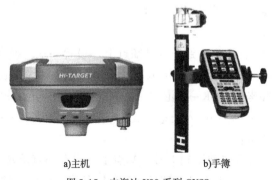

a)主机　　b)手簿

图 5-15　中海达 V90 系列 GNSS

二、手簿操作过程

GNSS 基站的架设和移动站的架设,各品牌仪器基本相同,这里不再重复介绍架设操作,重点介绍手簿的应用。Hi-survey 手簿测量简要操作步骤可归纳为 1-2-3-1-3(项目—设备—测量—项目—测量)五个步骤,可以理解为新建项目—设站—采集控制点坐标—求转换参数—检核控制点五个步骤。

首先,手簿开机后按 APP 按键(APP 按键是快捷打开软件的按键)打开测量软件后,具体操作步骤如下:

1. 项目设置

点击"项目信息",在项目名空白处输入项目名,点"确定",如图 5-16a)所示。

然后点 BJ54 后面的箭头设置中央子午线和目标椭球(当地)坐标系统中央子午线:辽宁省除了大连是 121:30,葫芦岛和朝阳是 120,其他区域一般都是 123,个别区域除外。

当地坐标系统的设置:当地坐标系统以控制点的坐标系统为准。全部设置好之后点击保存,再点确定,如图 5-16b)~e)所示。

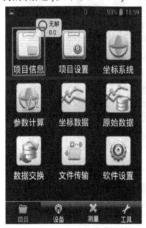

a)项目设置

b)项目设置坐标系   c)项目设置中央子午线

d)项目设置目标椭球

e)项目设置应用

图 5-16　项目设置步骤图示

2.设站

设站的目的是使移动站达到固定解,设站分为设置基站和设置移动站两个步骤。设置基站有自动设置基站和手动设置基站两种方式(可任选其一)。

(1)自动设置基站:H32(仪器型号)的设置方法是长按 FN 键开机,听到"叮咚"一声后松开 FN 键。IRTK2(仪器型号)的设置方法是在关机状态下长按开关机键直到出现语音提示"自动设置基站"松手即可。

(2)手动设置基站:点击设备→设备连接→连接→选择基准站的蓝牙号连接,连接完成后按键盘返回键,如图 5-17 所示。

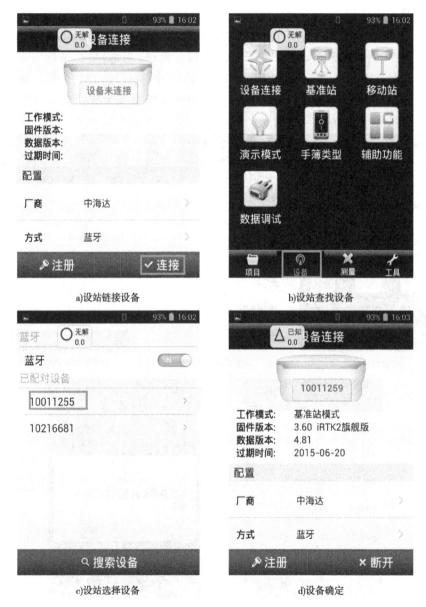

图 5-17　手动设置基站

当设备连接上后,在手簿中点击基准站—接收机,采集10次后点击确定,这里采用的为平滑采集方式,使得数据精度更高,如图5-18所示。

图5-18　数据采集和平滑过程

数据链一共有三种模式:内置电台,内置网络,外部数据链。通常情况下使用内置电台和内置网络。

内置电台频道为1~100(任意),空中波特率为9600。

内置网络IP:121.33.218.242,端口9000,分组号和小组号按图示要求填写。设置过程如图5-19所示。

图5-19　内置网络设置过程

点击其他,差分模式为RTK,电文格式为sCMRx,下面的默认,然后点击设置,再点击

45

"是",如图5-20所示。设置完成后,内置电台模式下基站的信号灯1s闪一下说明正常发射成功;内置网络模式下基站信号灯红黄绿交替闪烁说明发射成功。

a)电文格式选择

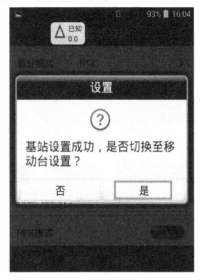
b)电文格式确定

图5-20 电文格式选择和确定

3. 设置移动站

点击"连接",选择移动站的蓝牙号连接(方法同上),连接完成后按键盘返回键,点击移动站,数据链和其他选项下的设置与基站保持一致,否则接不到基站的信号。移动站默认上一次的设置,不必每次都进行设置。

采集控制点坐标(已知点):点击测量→碎步测量→对中整平(固定解)→点击屏幕上的采集键或者键盘上的水滴键,修改点名,再次点击采集键存点,如图5-21所示。

a)采集控制点坐标

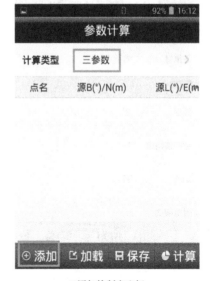
b)添加控制点坐标

图5-21 采集和添加控制点坐标

源点部分:调用所采集的控制点坐标(已知点)。

目标点部分:输入所采集点的真实坐标(交桩坐标或者设计院给的坐标)。

输入完毕后,点击保存,进行参数转换,这时再点击计算,如图 5-22 所示。

a)坐标数据录入　　　　　　b)参数转换

图 5-22　坐标数据录入和参数转换

点击计算后出现参数计算结果的界面,正常情况下三参数 DX,DY,DZ 的计算结果分别在 ±150 以内,如果超过 150 应检查坐标位数和数值、中央子午线、东向加常数是否设置正确,在范围之内则点击应用,如图 5-23 所示。

如果用四参数求解的话,最少需要添加两个已知点才可以计算,并且四参数计算结果中尺度一般为 0.9999×××或者 1.0000×××无限接近于 1 的数,如果少于 4 个 9 或者 4 个 0 说明两个点的相对关系不好。

4. 检核控制点(已知点)

点击测量→碎步测量→对中整平(固定解)→点击采集键,核对所采集的坐标是否符合要求(和已知点对比),如图 5-24 所示。

GNSS 调试相关资源见二维码 11。

11-GNSS 调试

5. 采集点和点放样

采集点:点击测量→碎步测量→对中整平(固定解)→点击水滴键。再按一次水滴键存点。所采集的点可以点击项目—坐标数据进行查询。

点放样:点击测量→点放样→点击屏幕上"→"→输入坐标确定→在屏幕下方左右划可以显示所放点的方位,移动站当前位置的平面坐标和经纬度坐标。

GNSS 测点放样相关资源见二维码 12。

6. 数据的导出与放样点的导入

(1)数据的导出:点击项目→数据交换→选择导出的格式和导出文件名→确定→手簿连上电脑→手簿屏幕点击打开 USB 存储设备→我的电脑→可移动磁盘→ZHD-→Oot→复制文件到电脑里,如图 5-25 所示。

12-GNSS 测点放样

图 5-23　参数转换结果　　　　图 5-24　数据采集

(2)放样点导入:点击项目→数据交换→放样点→导入→选择 123.txt→确定→点击点名,N,E,Z→确定。如图 5-26 所示。

图 5-25　数据导出　　　　图 5-26　放样点坐标导入

GNSS 设置相关资源见二维码 13。

13-GNSS 设置

三、手簿软件应用

各品牌的 GNSS 手簿,例如本章介绍的南方工程之星软件和中海达手簿软件,都具有强大的计算功能,一般都具有道路放样、点放样、数据采集、横断面采集、土方计算、道路设计等功能。其中道路设计功能,与手机软件"测量员"的应用类似,本节不再进行详细介绍。随着 GNSS 的不断发展,其市场价格越来越低,施工使用的范围越来越广,许多功能在实际中将被更深入的应用。

GNSS 道路文件编辑相关资源见二维码 14。

14-GNSS 道路文件编辑

参 考 文 献

[1] 杨正尧.测量学[M].北京:化学工业出版社,2009.
[2] 刘建明.公路施工放样[M].重庆:重庆大学出版社,2006.
[3] 李香玲,于晓伟.道路工程测量实训[M].郑州:黄河水利出版社,2015.
[4] 黄金山,吴艳.道桥工程测量[M]:广州:华南理工大学出版社,2014.
[5] 张守信,李天文.GPS卫星测量定位理论与应用[M].长沙:国防科技大学出版社,1996.
[6] 李天文.GPS原理及应用[M].北京:科学出版社,2015.
[7] 何保喜.全站仪测量技术[M].3版.郑州:黄河水利出版社,2016.
[8] 蒲仁虎,何应鹏.全站仪与GNSS现代测绘技术[M].成都:西南交通大学出版社,2017.
[9] 李从德.公路桥隧施工测量放样[M].成都:西南交通大学出版社,2016.
[10] 中华人民共和国行业标准.JTG B01—2014 公路工程技术标准[S].北京:人民交通出版社,2014.
[11] 中华人民共和国国家标准.GB 50026—2007 工程测量规范[S].北京:中国计划出版社,2007.
[12] 中华人民共和国行业标准.JTG F10—2006 公路路基施工技术规范[S].北京:人民交通出版社,2006.
[13] 中华人民共和国行业标准.JTG/T F50—2011 公路桥涵施工技术规范[S].北京:人民交通出版社,2011.